グローバル投資のための地政学入門

藤田　勉・倉持靖彦
［著］

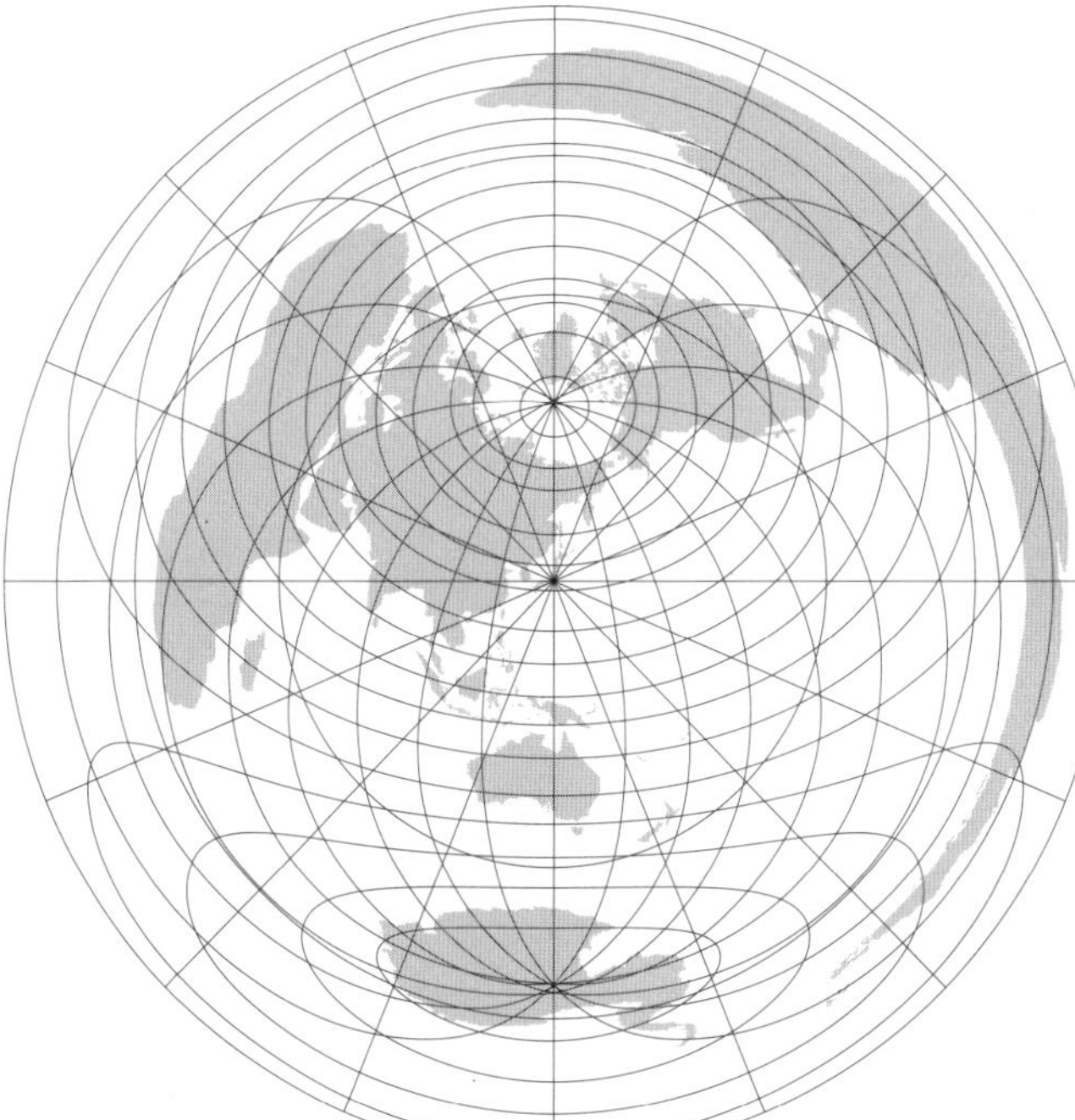

東洋経済新報社

はしがき

英国のEU離脱決定は、世界の金融市場を大混乱に陥れた。今後2年間でEUと離脱交渉を行うが、その条件次第では、リーマン・ショック級の経済危機が到来する可能性も否定できない。

国民投票前は、市場では、英国のEU残留がコンセンサスであり、「まさか、世界を大混乱にさせかねない離脱を英国民が選ぶはずもない」という楽観ムードが支配していた。そうであっただけに、余計に市場が混乱した。

米国においては、ヒラリー・クリントンとドナルド・トランプが次期大統領の座を争うことになった。市場では、クリントン優位の予想が支配的だ。しかし、後述のようにトランプにも十分チャンスがある。

もし、英国のEU離脱とトランプの大統領就任が同時に現実のものになれば、世界の地政学上の情勢は大きく変化することだろう。このように、世界の地政学上のリスクが、金融市場を大きく動かす時代がやってきたのだ。

米国のバラク・オバマ大統領は、「米国は、もはや世界の警察官ではない」と宣言し、海外の兵力を削減している。そして、イラン制裁解除、キューバとの国交回復など、積極的な平和外交を展開してきた。

米国が、戦後、世界の警察官の役割を担ったのは、①東西冷戦でソ連と厳しく対峙した、②中東の石油資源に対する依存度が高まった、③世界に軍事力を展開できるほどの経済力を持っていた、という理由が大きい。

ところが、1990年代初頭に冷戦は終結し、ソ連は崩壊した。また、シェール革命の恩恵によって、米国はエネルギー自給を達成しようとしつつある。その上、リーマン・ショックの影響で、米国は世界の警察官を務めるほどの経済力はなくなってしまった。このため、米国が国内に回帰する流れに大きな変化はないだろう。

衰えたとはいえ、未だに、米国の国際政治力や軍事力は、世界を圧倒する力を持つ。その米国のリーダーである大統領の政策は、世界の安全保障に大きな影響を及ぼす。その意味でも、2016年11月に実施される米国大統領本選挙は、大いに注目される。

女性初の大統領を目指すヒラリー・クリントンと実業家出身者初の大統領を目指すドナルド・トランプの激突は、歴史的に見て、最も注目される対決の1つとなるだろう。たとえば、オバマ大統領が戦った二度の大統領選挙の候補者の名前を憶えている人がどれほどいるだろうか。あるいは、その時の政策の争点は何だったかを憶えているだろうか。それらと比較すると、今回の選挙の注目度は圧倒的に高い。

両者は、抜群の知名度があると同時に、強烈な個性を持つ。そして、政策にも大きな違いがある。そのため、両者とも熱烈な支持者が多い一方で、その政治姿勢や発言に対して強く反発を示す有権者も多い。

それだけに、どちらが勝つかは、米国の外交・安全保障政策に大きな影響があるだろう。そして、米国の外交・安全保障政策は世界の安全保障に大きな影響を与える。

地政学とは、地理的要因が、国際的な政治、外交政策、安全保障や経済に与える影響を研究するものである。国家関係において、地理的な要素は、大きく影響する。2つの国が地理的に近いと、仲がいいというよりは、仲が悪い例が多い。

たとえば、日本は地理的に近い中国や韓国との外交関係が良好でない面がある。中国や韓国が地球の裏側にあれば、日韓併合も、日中戦争もなかったことだろう。一方で、歴史的に、日本は地球の裏側にあるアルゼンチンやブラジルと仲がいい。一般に、これほどまでに距離が離れていると喧嘩（あるいは戦争）をしようがない。

歴史的に、地政学的な要因が、株式、金利、為替、エネルギーなどの相場に対して大きな影響を与えてきた。たとえば、エジプトやシリアがイスラエルに攻め込むことによって、第四次中東戦争（1973年）が始まった。エジプトやシリアは有力な産油国ではないが、近隣のアラブの産油国が結束して、これらの支援のために対米石油禁輸に踏み切った。これらは、地理的に近いがゆえに、戦争をし、あるいは同盟を組んだのだ。

これをきっかけに、石油危機が起こり、世界の株価は大きく下落し、為替相場が乱高下した。そして、日本では狂乱物価と呼ばれたインフレが発生した。

2010年代に入って、米国は、世界から兵力を撤退させつつある。警察官がいなくなれば、必然的に、世界の治安は悪化する。世界を揺るがす大事件や戦争を起こしたサダム・フセイン、カダフィ、オサマ・ビン・ラディンらはすでに殺害された。それでも、シリア難民、IS、大陸欧州のテロ、中国の南沙諸島進出、北朝鮮の核開発など、世界を揺るがす問題が山積だ。

その意味でも、地政学の理解抜きには、世界の金融市場の分析はできない。そこで、本書は、米国大統領選挙を軸に、世界の地政学的要因とそれらが世界の金融市場に与える影響を分析する。

目次

第1章

高まる地政学の重要性

1

地政学的要因が揺るがす世界の金融市場

なぜ、今、地政学なのか

歴史的に、世界の多くの紛争や摩擦は、世界経済、そして、金融市場に大きな影響を与えてきた。現在も、中東、ロシア、中国、北朝鮮、ブラジルなど、世界の至る所で、様々なリスク要因が台頭している。このため、今や、地政学抜きに、世界の金融市場を語ることはできない。

それでは、なぜ、今、地政学なのか？　最大の理由は、世界の警察官がいなくなったからである。

2013年に、米国オバマ大統領は、「米国はもはや世界の警察官ではない」と宣言した。アフガン戦争やイラク戦争において、多くの米国の青年が戦死し、あるいは、兵士が帰還後、精神的な問題を抱えるなど、社会的なコストがあまりに大き過ぎたからだ。リーマン・ショック（2008年）によって、米国経済が大きな打撃を受けて、財政赤字が膨れ上がったことも重要な要因だ。

図表1-1　米国国防費の推移と予想

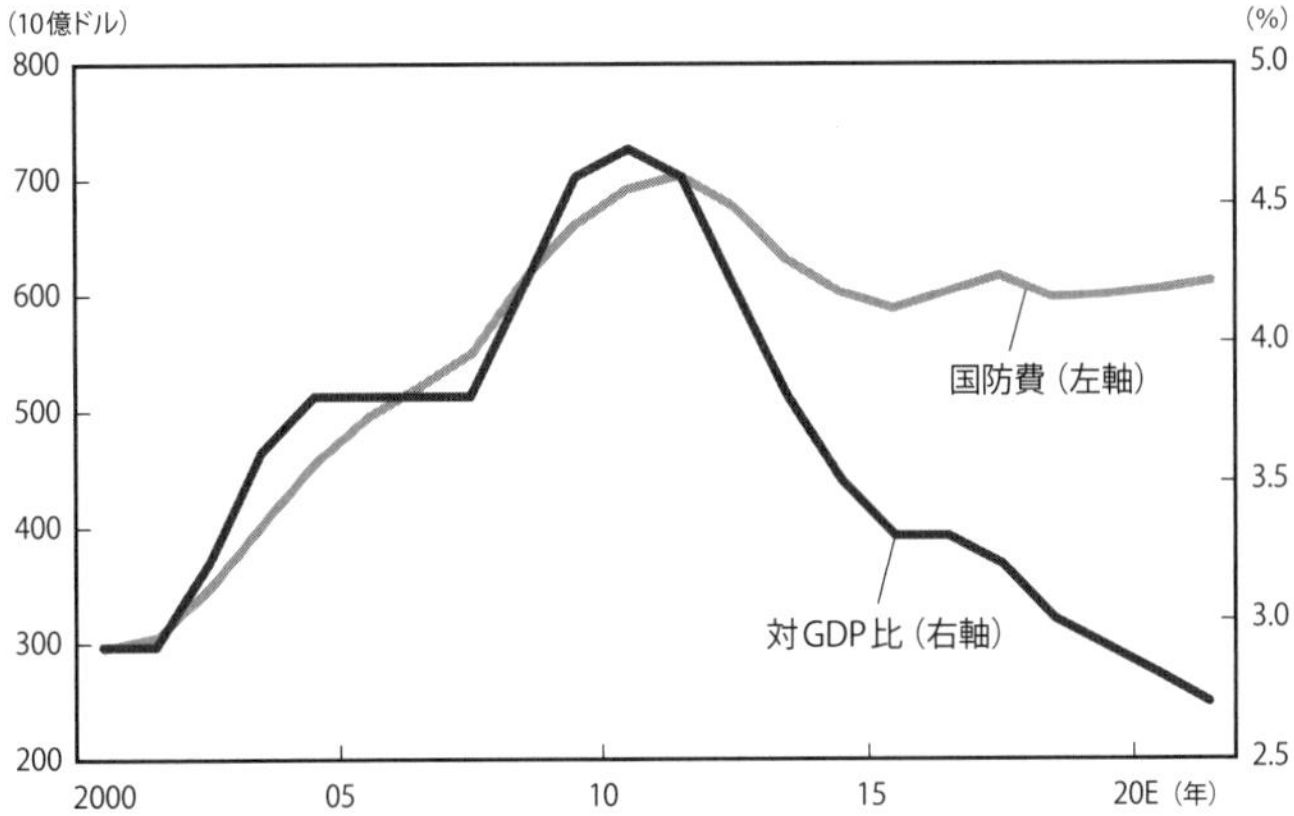

（注）Eは2017年度予算教書予想
（出所）2017年度予算教書

その結果、米国は、外交安全保障戦略を大転換している。たとえば、これまで、米国とサウジアラビアは、強力な同盟関係にあった。

しかし、サウジアラビアが原油価格を牛耳った時代は去り、イラクやイランが産油国として台頭しつつある。このため米国にとって、サウジアラビアの重要性は薄れている。

サウジアラビアは、イランと国交を断絶するなど、関係が悪化している。一方で、米国は、他の中東の大国であるイラクやイランと関係修復を試みている。

イラクのフセイン、リビアのカダフィ、アルカイダのオサマ・ビン・ラディンも、もはやこの世にはいない。このため、米国が中東に大規模な軍隊を展開する必要もなくなった。しかも、かつてのように、米国の同盟国であるイスラエルを攻撃する国はなくなった。

世界の国防費のうち、米国は36％を占めており、圧倒的に大きい（2015年名目ベース）。かつて、米国と世界の覇権を争ったロシア（旧ソビエト連邦）の国防費は、それよりもはるかに小さい。中国も急増しているとはいえ、米国と比べるとはるかに小さい。

しかし、2010年代に入って、米国は国防費を大きく削減している。しかも、同盟国である英国、フランス、ドイツ、日本も国防費を減らしている。一方で、米国を除いた世界の国防費は上昇傾向にあり、特に、中国、ロシア、サウジアラビアなど地政学リスクの高い国を中心に、国防費を大きく増やしている。

警察官がいなくなれば治安が悪化する

世界的に、大規模な戦争がなくなった代わりに、地域紛争やテロが頻発するようになった。かつては、核兵器を持つ米ソ両大国が世界で覇権を争い、その結果、朝鮮戦争、ベトナム戦争、中東戦争、イラン・イラク戦争など、多くの大規模な地域戦争が発生した。しかし、最近では、イラク戦争を最後に国家対国家の大規模な武力衝突はなくなった。

一方で、アラブの春、IS掃討、ウクライナ内戦など、国家でない勢力との紛争が増えている。また、2001年の米国同時多発テロや欧州で度々発生するテロに代表されるように、新興国だけではなく、先進国においても世界の金融市場を揺るがす事件が起こっている。

国家対国家の戦争であれば、比較的決着は早い。ところが、政府組織でない戦力との戦いは、容易に決着がつかないことが多い。たとえば、イラクからシリアに展開し、自らをイスラム国と称するISは、世界の大国を相手に戦いを続けている。ISを退治しようと、米国、ロシア、フランスなど大国がISを爆撃しているが、目立った効果を上げていない。

かつてであれば、冷戦後、世界の警察官であり続けた米国が登場し、ISを力ずくで、掃討したことだろう。湾岸戦争（1991年）、イラク戦争（2003年）は、米国が世界の警察官としてふるまった典型的な例と言える。

さらに、世界の混乱が続いている理由として、中国の経済的、政治的、軍事的な台頭も大きい。南沙諸島問題などはその典型であろう。

地政学的要因がリーマン・ショックを生んだ

歴史的に、世界の金融市場の混乱の多くは、地政学的な要因で生まれている。戦後の世界の株価急落は、多くが地政学的な要因によって起こった。そのケーススタディとして、戦後最大の株価下落を生んだ2008年のリーマン・ショックを分析する。

リーマン・ショックは、直接的には、米国住宅バブル崩壊が原因とされる。しかし、米国住宅バブル崩壊は、世界の株価急落のきっかけに過ぎなかったと考えられる。

2000年代には、中国を中心とする新興国バブル、新興国需要を背景とする資源エネルギーバブル、EUの本格的な統合を背景とするユーロバブル、世界的なM&Aバブルなど、多くのバブルが生まれていた。そして、それらは同時に崩壊していった。つまり、米国住宅バブル崩壊をきっかけに、世界多発バブルが同時に崩壊したということだ。

それでは、リーマン・ショックを生んだ米国住宅バブルは、なぜ生まれたのか。その原因の1つが、中東に関わる地政学的な要因である。

ITバブルが崩壊し、米国同時多発テロ発生の2ヵ月後、つまり2001年11月に、米国の景気は底入れした。そして、2004年には米国経済成長率は21世紀に入って最高の水準に達した。

しかし、当時、米国連邦準備制度理事会（FRB）議長であったアラン・グリーンスパンは、金融緩和を続けた。当時は、アフガン戦争、イラク戦争が長期化していたために、世界的に不安心理が高まっていた。

景気の底入れ後も、フェデラル・ファンドレート（政策金利、FF金利）の誘導目標を引き下げ続け、ついには、当時史上最低水準まで引き下げた。そして、これを長期間、据え置いた。つまり、経済的には利上げすべきだったのだが、国際情勢が不安定なので、利上げを見送ったのである。

好況時に、超金融緩和を続ければ、バブルが起きるのが世の必然だ。この時期に、住宅価格も、株価も大きく上昇した。つまり、本来ならば、利上げすべき時に、FRBは利下

図表1-2　米国経済成長率とFF金利誘導目標の推移

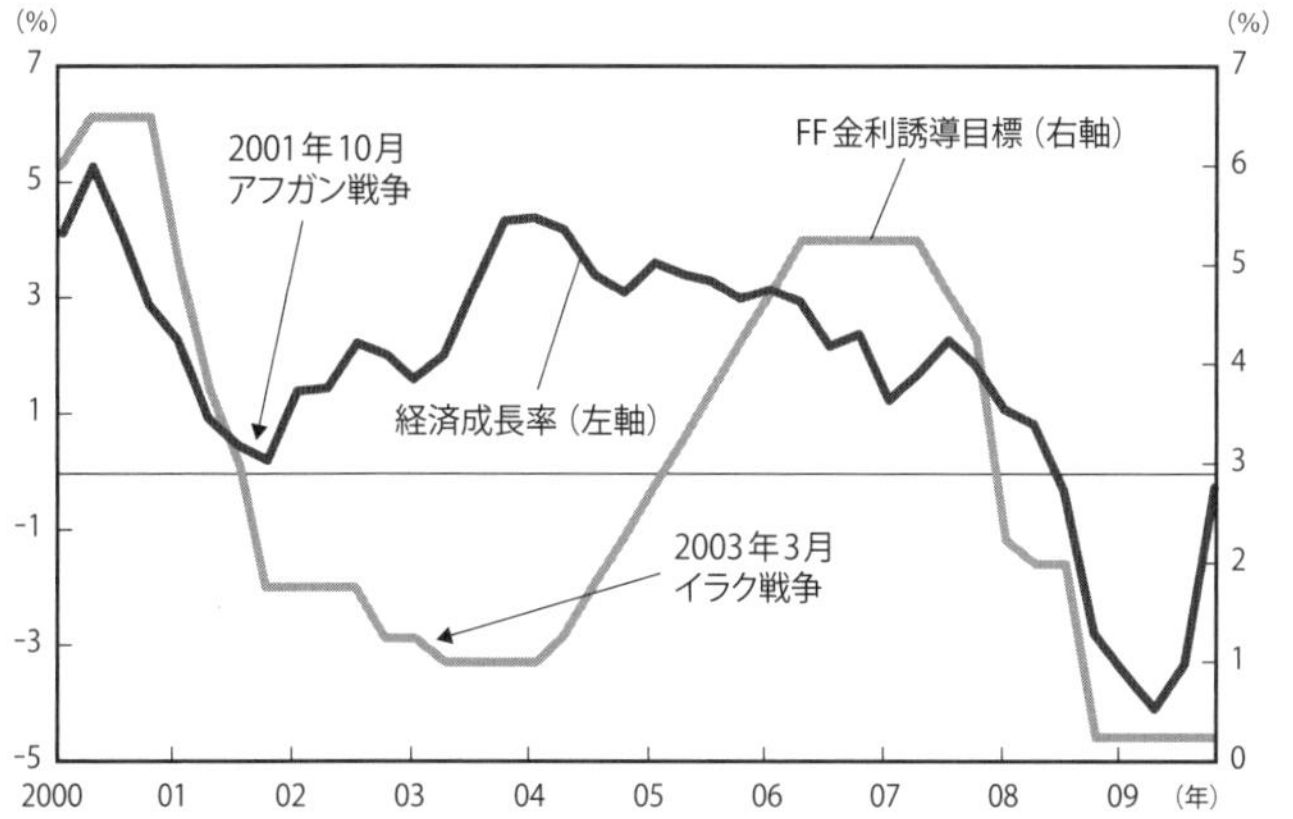

（注）成長率は四半期
（出所）BEA、FRB

げをしたということだ。

そこで、一転、グリーンスパンは、強烈な金融引き締めに転じた。短期間に強烈な金融引き締めを実行すれば、バブルが崩壊するのが、これまた必然と言える。名議長と言われたグリーンスパンをもってしても、判断を誤ったと言える。筆者は、これが、戦後最大の経済危機となったリーマン・ショック発生の本質的な原因なのではないかと考えている。

日本株相場も地政学的要因に影響される

同様に、日本株相場の歴史を紐解くと、大きな下げ相場の多くは地政学的な要因が影響している。特に、中東や石油によって引き起こされた事件によって、世界の株価は大きく下落し、同時に日本株も大きく下落した例が多い。日本は、石油消費の多くを輸入に依存しているため、石油価格高騰に弱い。

主な例として以下が挙げられる。これらは、日本のみならず、世界の相場に大きな影響を与えた。

第一次石油危機

1973年の第四次中東戦争の結果、石油価格が高騰した。直前まで、日本は日本列島改造ブームに沸いていたが、その反動もあって、株価は急落した。

第二次石油危機

1979年のイラン革命の結果、石油価格が高騰した。

バブル崩壊

1990年に、イラクがクウェートに侵攻し、翌年、湾岸戦争が起きた。その結果、世界のインフレ率と金利は大きく上昇し、世界的な景気後退につながった。同時に、バブル崩壊が重なり、日本株は、歴史的な下落率を記録した。

ITバブル崩壊

2000年に、ITバブルが崩壊した。その後、2001年の米国同時多発テロ、アフガン戦争、2003年のイラク戦争と、歴史に残る事件が発生した。その結果、3年間も世界の株式相場は下落を続けた。リーマン・ショック時の株価下落期間は2007年10月から2009年3月まで1年半だったので、その2倍の下落期間だった。

中東の事件ではないものの、地政学的な要因で生まれた日本固有の株価下落要因として、スターリン暴落がある。1953年に、ソ連のスターリン首相が死去した。当時、日本経済は、朝鮮戦争による特需に沸いていた。スターリンの死去により、朝鮮戦争の終結が早まるとの懸念から、株価は急落した。

このように、世界、そして日本の株式市場や為替相場は地政学的要因に大きく左右されてきた。特に、大きな下げ相場のほとんどが、地政学的なリスクの高まりをきっかけとする。だからこそ、地政学の本質を理解しなければ、世界の金融市場を理解することはできないのだ。

2

地政学の基礎理論

地政学とは何か

さて、本格的に世界の地政学的要因を分析する前に、地政学の基礎理論を確認することとしよう。

国際政治や安全保障においては、地理的要因がたいへん重要となる。地理的要因としては、地理的位置、地形、領土（国土の大小）、人口、気候、国家間の距離、エネルギー資源の存在、国内の民族・宗教・文化グループ、水路へのアクセスなどが挙げられる。

たとえば、大陸欧州の大国であるドイツとフランスは隣国同士であり、歴史的に多くの戦争を戦ってきた。その始まりが、三十年戦争（1618年～1648年）だ。その後、ナポレオン戦争（1806年～1815年）、普仏戦争（1870年～1871年）、第一次世界大戦（1914年～1918年）、ルール占領（1923年）、第二次世界大戦（1939年～1945年）と、両国は激戦を戦った。

その点、英国は、ドーバー海峡があるため、大陸欧州とは、政治、経済的に、一定の距離を保ち続けてきた。文化や法制度も、大陸欧州とは大きく異なる。こうした地理的要因があるからこそ、英国においてEU離脱が真剣に検討された。

あるいは、「敵の敵は味方」ということもある。意外にも、歴史的に、英国とロシアは多くの軍事同盟を結んできた。ナポレオン戦争、第一次世界大戦、第二次世界大戦などがその例だ。いずれも、ドイツやフランスが共通の敵だったので、同盟を結んだのである。

これは、英国とロシアが遠過ぎて、直接的に戦争をすることが、ほとんどなかったからでもある。たとえば、第二次世界大戦では、ソ連のスターリンと英国のチャーチルは仲がいいので手を組んだというよりは、共通の敵がヒトラーだったので、手を組んだのではないか。決して、両国は本質的に仲がいいわけではないように思える。

歴史、宗教、民族が地政学的要因を複雑化させる

地理的要因に、歴史や宗教、民族の違いなどが加わってくると、地政学の分析は一段と複雑になる。距離的に近く、しかも、民族や宗教が異なると、良好な関係を保つのは、時に難しい。

たとえば、中東の大国であるイランとイラクは隣り合っているが、以下のように、大きな違いがある（詳細は後述）。

民族の相違

イランはインド・ヨーロッパ語族のペルシャ人が多数派であるが、イラクはアラブ人が多数派である。フセインがイラクに住むクルド人を虐殺したことがあったが、クルド人はインド・ヨーロッパ語族だ。

宗教の相違

両者ともイスラム教だが、イランはシーア派が圧倒的な多数を占める。イラクは、国全

体としてはシーア派が多数であるものの、永く独裁者として君臨したサダム・フセイン大統領など、中枢にはスンニ派が多くいた時期があった。

２０１６年初めに、サウジアラビアとイランが断交したのも、根底には、シーア派の宗主イラン対スンニ派の宗主サウジアラビアとの対立がある。世界の警察官がいなくなったことによって、ますます、今後の中東の混乱が懸念される。

学問としての地政学

次に、学問としての地政学を整理する。地政学は、19世紀後半以降、欧米で発達してきた。19世紀後半は、欧州列強による植民地支配、覇権争いが活発化しており、そうした中、地政学が生まれた。

安全保障、軍事力に焦点を当てた地政学を特に、地政戦略学（Geo-Strategy）と呼ぶ[1]。地政戦略学は、以下に代表される。

1．ドイツのカール・ハウスホーファーの生存圏理論
2．英国のハルフォード・マッキンダーのハートランド理論
3．米国のニコラス・スパイクマンのリムランド理論

こうした理論は、19世紀後半から20世紀（冷戦期）に妥当していた伝統的地政学であり、

国家の（軍事的）戦略的行動を説明し予測する研究であった。第二次世界大戦の日本やドイツ、冷戦時代の米国やソ連のように、国家の膨張政策を正当化するイデオロギーとして濫用されることもあった。[2]

何事も基礎が大事なので、これらの理論のエッセンスを紹介することとしよう。以下は、主要な地政学用語である。

世界島

ユーラシア大陸とアフリカ大陸を合わせた世界最大の「島」。

ハートランド

世界島の中心に位置するユーラシア大陸の北内陸部（旧ソ連の領土に相当）。

リムランド

ハートランドの周辺地域（極東、中国、東南アジア、インド、中東、地中海、中東欧、北欧）。

ランド・パワー（大陸国家）

他国と陸の国境で接する国家で、ロシアやドイツのように、海軍は小さいが、強力な陸軍を持ち、ハートランドやその周辺に大きな力を持つ。

シー・パワー（海洋国家）

国土が海に囲まれ、または、強大な海軍など制海権を有する国家であり、英国や米国の場合、ユーラシア大陸から海で隔てられている。

クラッシュ・ゾーン

シー・パワーとハートランドの間に位置する小さな緩衝国。たとえば、中欧、東欧諸国を指す。

後述のように、これらがぶつかり合って、20世紀に世界大戦が起こり、21世紀の今なお、地政学的な対立が続いているのだ。

ドイツで発展した生存圏理論

地政学のルーツは、ドイツで発達した。フリードリヒ・ラッツェル（1844年～1904年）が、政治地理学の祖と言われる。[3] 生存圏という概念は、ラッツェルが提唱したものである。

生存圏理論は、国家が自立して生存するために、生存圏があると考える。国家が生き抜くためには、生存するための領土が必要となる。

ラッツェルは、チャールズ・ダーウィンの進化論に影響を受けた。「国家は生きている有機的組織体であり、優れた国家は生存圏を拡大する」という考えを提唱した。要は、「強い国は勢力を拡大するのが当然。弱い国は消え去る」、という帝国主義を正当化する考えだ。

スウェーデンの政治学者ルドルフ・チェレーン（1864年～1922年）がラッツェルの考えを体系化するとともに、「ゲオポリティーク（政治地理学）」という用語を造り出した。チェレーンは、領土拡張により資源を確保し、生存圏における自給自足体制の確立を提唱した。

帝国主義全盛期の19世紀後半には、大英帝国が世界を制覇した。そして、欧米列強が次々に植民地を広げていった時代でもある。こうした考えは、自分が生きるために他国を侵略するのは仕方がないという思想にも通じる。日本もそうであったが、生き残るためにやむを得ず、自存自衛のための戦争ということを標榜する。

20世紀初頭、ドイツは3B政策を推進した。これは、ベルリン、ビザンチウム（現在のイスタンブール）、バグダッドを軸として勢力を拡大する政策だ。そして、ドイツは、3C政策を推進する英国と対立した。これは、カイロ、ケープタウン、カルカッタ（現在のコルカタ）を鉄道で結ぶ植民地政策だ。

これが、ドイツを中心とする三国同盟とイギリスを中心とする三国協商の対立を生んだ。

やがて、それは第一次世界大戦に発展した。今から見れば、これらは帝国主義的な侵略なのだが、当時は、「やられる前に打って出ないと、やられる」という時代であった。

生存圏理論と二度の世界大戦

ドイツの軍人出身で地理学者のカール・ハウスホーファー（1869年～1946年）が生存圏理論を、政治宣伝として活用した。地政学がナチス・ドイツの御用学問として不評であるのは、このためである。

1923年に、ハウスホーファーは、アドルフ・ヒトラーと出会い、地政学を伝授した。こうして、地政学は、ヒトラーにより、生存圏確保のための領土の拡張とそのための邪魔者の排除に利用された。

ハウスホーファーは、1909年～1910年に、日本に軍事オブザーバーとして滞在している。[4] 1940年日独伊三国同盟や1941年日ソ中立条約など、日本の軍事政策にも影響を与えた。しかし、第二次世界大戦後、戦犯に問われたハウスホーファーは、自殺し、ドイツで発展した政治地理学は消滅した。

ハウスホーファーは、ラッツェルとチェレーンの思想をベースに、後述のマッキンダーのハートランド理論にも影響を受けた。しかし、ハートランド理論が勢力均衡の実現を目的とするのに対し、生存圏理論では、勢力均衡を打破して、生存圏を拡大すべきと曲解された。

これは、ランド・パワーのロシアとドイツが連合し、シー・パワーの英国と米国をユーラシアのリムランド（つまり大陸欧州）から排除するという考えである。実際に、1939年に独ソ不可侵条約が締結され、秘密協定に沿って、ポーランドの独ソ分割占領が実行された。これが、第二次世界大戦の始まりとなった。こうして、生存圏理論は、第一次、第二次世界大戦双方に大きな影響を与えた。

ドイツの戦法が、短期決戦、あるいは電撃作戦中心になるのは地政学的影響が大きい。国土がロシア、フランス、オーストリアといった大国に囲まれたドイツにとって、自国が生き抜くためには、先制攻撃が重要となる。このため、ドイツは、平時から戦争計画をつくり上げ、先制攻撃によって緒戦で勝負を決着する戦法を得意とする。

普仏戦争、第一次世界大戦、第二次世界大戦のポーランド侵攻、フランス占領、ソ連侵攻など、ドイツはすべて電撃作戦を実行した。そして、普仏戦争のように、短期決戦で終わると勝利するが、戦争が長引くと、大国に囲まれているドイツにとっては、不利になる。それは、ハートランドとシー・パワーに挟まれるドイツの地理的な条件があるためだ。海に囲まれた英国などと違い、生き残るためには先制攻撃が必要となりがちだ。

20世紀の対立を予言したマッキンダーのハートランド理論

本格的な地政学の始祖は、英国の地理学者であるハルフォード・マッキンダー（1861

年〜1947年）である。マッキンダーは、1899年に、オックスフォード大学に地理学部を創設し、ロンドン大学政治経済学部の学部長、下院議員も務めた。[5]

マッキンダーは、第一次世界大戦、第二次世界大戦、冷戦の構造を予言し、現在の地政学の基礎を築いた。そして、20世紀初頭に、20世紀から21世紀にかけて起こる世界的な対立を予言していた。たとえば、現在のシリア難民問題ですら、マッキンダーの理論で分析可能である。

その中核は、20世紀初頭にマッキンダーが発表したハートランド理論だ。マッキンダーの主張のポイントは、以下の通りである。[6]

1. 世界島（ユーラシア大陸とアフリカ大陸）を支配する者は世界を支配する。
2. 世界島の中心にあるハートランドを支配する者は世界島を支配する。
3. 東欧を統治する者は、ハートランドを支配する。

つまり、マッキンダーは、ユーラシア大陸の中心部である旧ソ連の領土を握るものが世界の覇権を握ると考えたのだ。歴史的に、ハートランドを支配したのは、元とソ連のみである。なお、ハートランドの概念を初めて使用したのは、英国の地理学者で、マッキンダーの教え子であったジェームス・フェアグリーブ（1870年〜1953年）である。[7]

地政学の始祖と呼ばれるマッキンダーは、後述のシー・パワー理論の影響を受けている。

マッキンダーは、歴史的に、シー・パワーとランド・パワーが対立してきた構造を示した。

この理論に立てば、英国、フランス、ドイツなど欧州の大国は、「世界島」の西のはずれにある。だから、これらの国々はリムランドと言われる。言い換えれば、欧州諸国がハートランドをおさえるには、ハートランドまでの道のりにある東欧諸国が重要ということになる。そして、リムランドとハートランドの境界にある東欧諸国は、戦争や紛争が起きやすいクラッシュ・ゾーンとなる。

クラッシュ・ゾーンが世界大戦を生んだ

世界島やハートランドと言われても、今ひとつピンとこない。あるいは、「東欧を制する者が世界を制する」と言われると、違和感があると言わざるを得ない。

しかし、実際に、マッキンダーの予言は的中した。20世紀初頭に、東欧、中でもバルカン半島は「世界の火薬庫」と呼ばれ、軍事的、外交的に重要な位置を占めた。まさに、これらは文字通りクラッシュ・ゾーンとなり、世界中を戦乱に巻き込んだ。

たとえば、第一次大戦は東欧の小国サラエボでオーストリア皇太子が暗殺されたことから始まった。第一次大戦の本質は、ランド・パワーの新興国ドイツとシー・パワーの領袖であった大英帝国の対決だった。

第二次大戦は、クラッシュ・ゾーンにあるポーランドに、ドイツとソ連が同時に進行して、その後、両国がポーランドを分割統治したことから始まった。独ソ不可侵条約を結んだ両国だったが、やがて、ドイツは資源が豊富なハートランド（この場合、カスピ海沿岸の油田）に進出するために、1941年にソ連侵攻に踏み切った。

冷戦は、東欧に展開される「鉄のカーテン」（バルト海からアドリア海につながる）やベルリンの壁を挟んで、西側諸国と東側諸国が対立したものだ。つまり、「鉄のカーテン」はクラッシュ・ゾーン上に展開された。その後も、ハンガリー動乱、チェコの春、ベルリンの壁崩壊、旧ユーゴの内乱など、クラッシュ・ゾーンで大きな動乱が起きた。

20世紀初頭に、マッキンダーは、ハートランドを圧倒的なランド・パワー（たとえば、ドイツやロシア）が制すれば、世界を制すことになると考えた。そして、ハートランドにおけるランド・パワーがシー・パワーを攻めた場合の脅威に警鐘を鳴らし、勢力均衡が各国の安全を保障するため、自由の基礎となると主張した。

実際に、クラッシュ・ゾーンをおさえ、かつハートランドを支配したソ連は、キューバ、北朝鮮、ベトナム、インド、エジプト、シリアなど、欧州以外にも同盟国を広げた。世界を制覇するには至らなかったが、米国と並び立つ国になった。

20世紀に突入し、シー・パワーである大英帝国の覇権に陰りが見られる中、ロシアの南下政策やドイツの帝国主義により、ランド・パワーの軍事的脅威が増していた。マッキンダーは、勢力均衡のため、ドイツとロシアの間に、独立国家として、複数の東欧諸国から成る中間地帯が必要であると考えた。[8]

これは、ロシアやドイツに東欧を支配させてはならないとの警鐘であったが、英国政府がハートランド理論を採用することはなかった。これが、やがて、二度の世界大戦につながった。

そして、現在のシリア難民、ウクライナ内戦、ロシアによるクリミア併合なども、クラッシュ・ゾーンが舞台となっている。今後も、マッキンダーのハートランド理論が有効であり続ける可能性が高い。

米国で生まれたシー・パワー理論

米国海軍少将であったアルフレッド・セイヤー・マハン（1840年〜1914年）は、地政学の名称の生みの親だ。シー・パワー理論を提唱したマハンは、海軍の歴史家として、シー・パワーとランド・パワーの歴史を研究した。

マハンは、海洋が、安全保障上、そして経済上、重要な意味があり、世界大国になるためには、海洋を掌握することが絶対不可欠な条件であると考えた。特に、シー・パワーとして、覇権を握った大英帝国を教訓とし、米国内で吸収し切れない工業・商業製品の受け入れ先として、米国も対外的な拡張政策をとることを求めるものであった。

1902年に、中東という用語を初めて用いたのも、マハンである。中東とは、アラブとインドに挟まれた地域で、海軍戦略上重要な拠点であった。また、マハンは、1876年に来日し、江戸幕府第15代将軍であった徳川慶喜と面会している。

詳しくは後述するが、米国は歴史的に孤立主義をとる。1823年にモンロー大統領がモンロー主義と呼ばれる外交の基本方針を打ち出した。モンロー主義は、米大陸と欧州大陸の間の非植民地化、非介入、非干渉を謳ったものである。このため、英国やフランスと比較して、米国の植民地政策は遅れていた。

マハンの理論は、ウィリアム・マッキンリー大統領、セオドア・ルーズベルト大統領など、米国の海洋戦略に影響を与えた。[9] 1898年に、米国はハワイを併合し、さらに、米西戦争に勝利し、プエルトリコ、グアム、フィリピンを領有した。1903年には、キューバから、グアンタナモ湾の海軍基地を永久租借している。このように、シー・パワー理論は、米国がその後、国際主義に転換する1つの理論的支柱となった。

米国の安全保障政策の中核となったリムランド理論

米国が、孤立主義を捨てて、本格的な国際主義に転換した理論的支柱はニコラス・スパイクマン（1893年~1943年）のリムランド理論だった。米国イェール大学の国際関係論の教授であったスパイクマンは、リムランド理論により、冷戦時代の米国の安全保障戦略に大きな影響を及ぼした。

スパイクマンは、重要な地政学上の地域として、マッキンダーのハートランド理論を踏襲した。そして、ハートランドの周辺地域（極東、中国、東南アジア、インド、中東、地中海、中東欧、北欧）をリムランドと名付けた。ランド・パワー（ドイツ、ロシアなど）とシー・パワー（英国、米国など）の中間にリムランド（西欧、北欧など）があり、リムランドの重要性が地政学的に高いと主張する。そして、リムランドを支配する者がユーラシアを制し、ユーラシアを支配する者が世界の運命を制すると考えた。

1942年に、スパイクマンが著した『世界政治における米国の戦略』は、第二次大戦後の国際情勢を読み解く上での枠組みが示されている。リムランド理論は、米国の冷戦時代の外交政策に大きな影響を与えたと言われている。実際に、冷戦時代に、米国は、対ソ連の「封じ込め戦略」を採用した。

さらに、スパイクマンは、旧世界と新世界の対立論を唱える。ユーラシア大陸、アフリカ、オーストラリアを旧世界、米大陸を新世界に区分し、旧世界が特定の大国に支配されれば、新世界も征服されるとの脅威を示した。このため、新世界の米国が、旧世界を積極的に包囲すべきと主張した。

そこで、スパイクマンは、米国は、旧世界の大国間の均衡を構築し、維持するため、孤立主義（モンロー主義）ではなく、対外介入主義を採用すべきであると提唱した。地理的に離れていても、エア・パワー（空軍力）と機動的に世界展開できる軍隊を持つ米国は、戦後、多くの軍事同盟を結び、世界の警察官として、多くの戦争、紛争に介入した。

「大国の興亡」と地政学

地政学における重要な概念として、「時代と共に大国は変遷する」という考えがある。大国が変遷すると、その結果、地政学的リスクも変化する。そして、世界の経済や金融市場にも、大きな影響を及ぼすことがある。

歴史的に、世界の大国は変遷してきた。世界の四大文明の発祥は、今の国で言うと、中国、パキスタン、イラク、エジプトだった。その後、欧州では、ギリシャ、イタリアの順に覇権は移った。16世紀には、スペインとポルトガルが世界を二分し、19世紀には英国が世界を制覇した。アジアでは、モンゴル、イラン、トルコが覇権を握ったこともあった。

現在、大国と言われる米国の建国は1776年、ドイツは1871年、そして、日本の明治維新は1868年と、歴史は浅い。米国と並んで大国であったソ連は、1922年に誕生したものの、1991年に崩壊した。つまり、69年間の短い命だった。このように、世界の大国は移り変わり、それが世界の安全保障に大きな影響を与える。

それでは、なぜ大国は滅亡するのか。どうして、大国の興亡は繰り返されるのか。これらに関して、以下のような研究がある。

ハバード、ケイン

大国が滅びるのは、経済的事象の変化に対して、指導者が適応できず、政治的対応が遅れるからである。[10] 誰でも、変化することには抵抗がある。指導者は、自らの地位を失うまいと、革新を行うことに消極的となる。

政府が、改革の必要性を認識していたとしても、改革実行を先送りにし、国民もまた、痛みを伴う改革を避けようとする。理想的な経済政策を選択する支配者の能力にも限界がある。国民のアイデンティティーは、経済成長や国力形成を促すが、逆に、構造的変化に対しては、保守的となり、停滞の大きな要因となり得る。

ポール・ケネディ

1987年に記した『大国の興亡』では、帝国の拡大のし過ぎが衰退の原因であると分析する。重要な軍事大国（あるいは世界帝国）の盛衰と経済の上昇・下降は、長期的に見て明白な関係がある。

大規模な常備兵力維持には経済的資源が必要であるため、その国の経済の興隆がその国の軍事的なパワーを含める総合力を決めることになる。たとえば、米国と並ぶ軍事大国であったソ連が崩壊し、ベルリンの壁が崩れたのも、東側諸国の経済的な疲弊が主因だった。あるいは、米国が世界の警察官をやめる理由の1つは、リーマン・ショック後の財政赤字の急増である。

かつて、米国と軍事的に対抗するのはソ連だった。冷戦時代は、米ソの緊張関係は、ベルリン封鎖（1948年）、ハンガリー動乱（1956年）、キューバ危機（1962年）、プラハの春（1968年）など、米国やソ連の隣接地域で発生した。ところが、ソ連が崩壊して、この地域での緊張は薄れた。今では、経済力を急速に増しつつある中国が太平洋において米国と対峙している。

「大国の興亡」が地政学的リスクを生む

「大国の興亡」は、地政学的リスクを大きく変化させる。「大国の興亡」が新たな地政学的リスクを生む例として、ソ連崩壊をとりあげる。

米ソ冷戦終結がきっかけとなって、1991年に、米国と対峙していた大国ソ連が崩壊した。ソ連崩壊は、以下のように、地政学的に大きな変化をもたらした。

第1に、中国の台頭である。ソ連が共産主義国でなくなった結果、1990年代以降、世界の共産主義国のほとんどは、事実上、資本主義国化した。その影響を受けて、中国は、政治体制は共産党一党独裁を維持しながら、経済体制を自由化した。

資本主義経済体制に切り替えて以降、中国経済の高成長が続いた。今では、中国のGDPは、日本の3倍近くに達し、2020年代には、米国を抜いて世界一になると見られる。つまり、ソ連崩壊が、中国の台頭の時期を早めたとも言える。

中国経済が大きくなったために、中国株の動向が世界にも大きな影響を与えている。さらに、人民元も、世界の通貨に大きな影響を与えている。そして、経済力の強大化と同時に、軍事力も強大化している。経済的に豊かでなければ、南沙諸島に軍事基地をつくることはできない。

EUとユーロの不安定化

第2の例は、リムランドである欧州の不安定化だ。欧州連合（EU）は、長年、戦争を繰り返してきたドイツとフランスを中核として、それに、イタリア、オランダ、ベルギー、ルクセンブルクが加わって、1952年にその前身（欧州石炭鉄鋼共同体）が誕生した。つまり、ソ連が米国と並んでスーパーパワーであった時代は、EUの前身である欧州共同体（EC）は西欧諸国連合であった。

そして、EC加盟国は米国やカナダなどと軍事同盟を組んだ。これが北大西洋条約機構（NATO）である。地政学的に言えば、リムランドのフランス、ランド・パワーの雄ドイツと、シー・パワーの米国、英国などが連合して、ソ連などに対抗した。

それに対して、ハートランドの盟主であるソ連はクラッシュ・ゾーンにある東欧諸国とワルシャワ条約機構をつくって対抗した。そして、ソ連は、アジアのリムランドである中国、北朝鮮、モンゴル、北ベトナムなどと社会主義陣営を構築した。

EUは、1992年マーストリヒト条約により、1993年に発足した。つまり、ソ連崩壊の2年後に誕生したことになる。2004年以降、EUは旧東側諸国の加盟を認め、名実ともに、欧州全体の国家連合となった。EUは、経済同盟である前に、安全保障同盟という要素を持つ。だからこそ、ソ連崩壊を機に、経済水準は低いものの、ソ連陣営だった国々を西側陣営に引き入れたのである。

地政学的に言えば、ハートランドの盟主であるソ連が崩壊し、クラッシュ・ゾーンにある東欧諸国が、西欧のリムランドとシー・パワーである米英の西側陣営に加わったということになる。こうして、拡大EUは、ソ連の一部だったバルト3国まで含むユーラシア大陸西部の広大な地域と膨大な人口を支配することとなった。

その結果、シー・パワーの米国、英国、リムランドのフランス、ランド・パワーの雄ドイツと、クラッシュ・ゾーンにある東欧諸国が同盟を組んで、ハートランドにあるロシアに対抗する形となった。このため、軍事バランスという意味では、西側の圧倒的な優位になったということだ。

しかし、皮肉にも、これが、現在のEUの不安定化を生んでいる。旧東側諸国の経済水準は、ドイツ、フランスなどと比較して、かなり低い。つまり、旧東側諸国がEUに加盟するということは、EU加盟国間の経済格差が拡大することを意味する。

図表1-3　EU加盟国の1人当たりGDP上位、下位10ヵ国

	上位10	2015年（ドル）
1	ルクセンブルク	103,187
2	スイス	82,178
3	ノルウェー	76,266
4	デンマーク	51,424
5	スウェーデン	48,966
6	アイルランド	48,940
7	オランダ	44,333
8	英国	44,118
9	オーストリア	43,547
10	フィンランド	42,159

	下位10	2015年（ドル）
1	ブルガリア	6,582
2	ルーマニア	8,807
3	クロアチア	11,551
4	ハンガリー	12,021
5	ポーランド	12,662
6	ラトビア	13,729
7	リトアニア	14,318
8	スロバキア	15,893
9	チェコ	17,330
10	エストニア	17,425

（出所）IMF

そして、経済水準の格差拡大は、通貨の不安定化をもたらす。英国とデンマーク以外のＥＵ加盟国は統一通貨ユーロに参加する義務を負う。経済水準の低い東側諸国がユーロに参加するということは、ユーロが不安定化することを意味する。

加えて、財政政策や社会政策の問題も発生する。ＥＵ加盟国の国民は、移動の自由があるため、加盟国内のどの国にも移動が可能になる。たとえば、旧東側諸国であったクロアチアがＥＵに加盟し、比較的賃金の低いクロアチア人は英国で自由に働けるようになった。また、ドイツはシリア難民を受け入れているが、難民がドイツ国籍を取得すれば、他のＥＵ加盟国でも自由に働くことができる。

ＥＵ加盟国は、財政政策が統一されていないため、社会保障制度は国によって大きく異なる。たとえば、英国やドイツなどの高所得国は、生活保護などの社会福祉が充実しており、低所得国からの移民や難民

が多くやってくる。これは、「社会保障のアービトラージ（さやとり）」と言われる。

これを嫌う英国は、EU離脱を真剣に検討するに至った。これらは、EUが従来の西側諸国連合であれば、大きな問題にならなかっただろう。つまり、「ソ連崩壊→東欧諸国のEU加盟→EUの貧富の格差拡大→EUの不安定化（英国のEU離脱検討、ユーロ危機など）」という図式である。

オスマン帝国の崩壊が中東の混乱の元凶

もう1つ、大国の興亡が地政学的リスクを高めた例を紹介することとしよう。世界島の結節点であり、ハートランドに接する中東は、古くから交通や商業の要衝として栄えた。20世紀に入って、石油資源が豊富であることから、戦後は、バルカン半島に代わって、世界の火薬庫であり続けた。

戦後の世界の金融市場の混乱の多くは、中東が発信源となった。その理由は数多いが、第一次世界大戦後、オスマン帝国が崩壊した影響は大きい。

トルコ系イスラム教徒が多いオスマン帝国は、1453年に、ビザンツ帝国の首都、コンスタンチノープル（現イスタンブール）を陥落させた。その後、中東とバルカン半島の大部分を支配した。

オスマン帝国の最盛期は、スレイマン1世（在位1520年～1566年）の時代であった。

図表1-4　戦前の中東の歴史

年	出来事
1914年	第一次世界大戦（～1918年）
1915年	フサイン・マクマホン協定
1916年	サイクス・ピコ協定
1917年	バルフォア宣言、ロシア革命
1922年	オスマン帝国滅亡
1939年	第二次世界大戦（～1945年）

（出所）日本戦略総合研究所

その支配地域は、古代ローマ帝国の最盛期の4分の3を占めた。ところが、19世紀には、「ヨーロッパの病人」、「瀕死の病人」と呼ばれ、第一次世界大戦の敗戦が帝国崩壊の決定打となった。オスマン帝国崩壊後、中東は真空地帯となり、それが、その後の中東の紛争を生んでいる。

英国は、第一次世界大戦を有利に導くために、以下の3つの協定を別々に結んだ。

フサイン・マクマホン協定

オスマン帝国占領下のアラブ人（サウジアラビア）に、戦後の独立を約束し、軍事支援をした。

サイクス・ピコ協定

ロシア、フランスと秘密協定を結び、戦後、オスマン帝国の領土を3国で分割統治することと、パレスチナを国際管理することを定めた。

バルフォア宣言

ロンドンのユダヤ金融資本と中東のユダヤ人の協力を得るために、パレスチナにユダヤ人の国家をつくることを約束した。

現在の中東の国境線の多くはこの時期に決まった。イラク、ヨルダン、シリア、クウェートなどの領土は、事実上、英国、フランス、ロシアの秘密協定であるサイクス・ピコ協定によって決まったと言って過言でない。

異教徒である欧州列強が強引に引いた国境線が、熱心なイスラム教徒たちに押し付けられたということだ。その地域にまたがってISが存在するのだが、彼らにとって異教徒が自分たちの都合で決めた国境線を守る必然性はない。異教徒にとってISは敵かもしれないが、アラブ人からするとスンニ派主体のISは主流派に属する。

日本から見ると、国を持たないISが国家として振る舞い、かつ欧米の熾烈な攻撃にあっても、未だに存在することは極めて理解しがたい。しかし、このような歴史的な背景を理解すると、現在の中東問題の根深さが理解できる。

国家の概念と領域確定の理論

第1章の最後に、国家の概念の理論を整理する。[11] イタリア、ドイツ、スペインなどが19世紀後半以降に成立したように、近代国家の概念は、意外と歴史が浅い。

三十年戦争の講和条約として、1648年にウェストファリア条約が締結され、主権国家の概念が成立した。ウェストファリア条約は、初めての多国間条約であり、国家という概念が初めて条約に盛り込まれた。そこで、それまで曖昧だった国境線などが確定した。

この時代の主権国家は、国王に主権が集中しており、支配領域に対する絶対王政を意味していた。近代の主権国家は、欧州のキリスト教国家を指し、国家間の独立と平等を認めつつ、国際社会が形成された。

近代国家の概念は、文化・社会的に似通った欧州のキリスト教国のみを対象としていたが、18世紀に、ロシアと米国、19世紀には中南米諸国といったキリスト教国が、国家として認められた。その後、1856年のクリミア戦争に勝利したオスマン帝国が、イスラム教国家としてパリ条約締結の当事者となった。西欧諸国の植民地であったアジア・アフリカ諸国が、第二次世界大戦後に独立を果たし、国家承認を受けている。

植民地国の独立の際には、頻繁に国家承認が行われた。1990年代前半には、ソ連、ユーゴスラビア解体に伴い、独立した東欧諸国が承認を受け、国連にも加盟していった。

現在、国家は、①永続的住民（国籍保有者）、②一定の領土、③政府、④他国との関係を取り結ぶ能力、の要件を備える必要がある（1933年国家の権利及び義務に関する条約1条）。複数の国家が合併する、国家から独立するなど、新国家が成立するためには、他国が承認する必要がある。その前提として、国家の4要件に加えて、国内で、政府による実効的で自主的な統治が確立していなければならない。

多くの国が国家として承認してくれなければ、自分で国だと言っても、国家とはならない。たとえば、北キプロスは、自分では国と言っているが、トルコ以外は認めていないため、国際的には国家とは呼べない。また、ＩＳはイスラム国と自称しているものの、これを国家として承認する国は存在しない。

主権の概念は、17世紀には、国王による中央集権を意味していたが、１７８９年のフランス革命により、絶対王政に対抗する意味で、国民主権が主張されるようになった。

今日では、主権とは、以下の２つの意味を指す。

国家の対外主権

国家が他国に従属せず、国際法のみに服する。

対内主権

領域内のすべての人や物を排他的に統治し、領域を自由に処分できる。

国家領域とは、国際法上、領土、これに付随する領水（河川、領海）、領空から構成され、国家による主権が及ぶ範囲である。

小括：終わりなき地政学的リスクの出現

21世紀に入り、世界は、新たな地政学的リスクに直面している。この中で注目すべきは、引き続き、中東が世界の金融市場を揺るがす震源地になっているということだ。前述のように、戦後、世界の金融市場を揺るがす事件は、間接的な影響のあるものを含め、多くが中東発だった。

イラクのフセインは、イラン・イラク戦争、湾岸戦争、イラク戦争を戦い、クルド人を虐殺した。アルカイダのビン・ラディンは、米国同時多発テロを引き起こし、犠牲者は約3000人に及ぶ。リビアのカダフィは、パンナム機爆破事件など多くの国家テロを指揮したと言われる。しかし、今では、これらの世界中を震撼させた中東のリーダーたちは、この世を去った。

それでも、終わりはない。その後も、ISのバグダディが台頭するなど、紛争やテロはなくならない。おそらく、ビン・ラディン亡き後のアルカイダが未だに存続するように、バグダディが討伐されたとしても、ISは簡単にはなくならないのかもしれない。

欧州や中東で民族的対立、宗教的対立が激化し、その結果、紛争、テロが頻発している。それが多くの難民を生み、欧州では、大きな社会問題となっている。米国、ロシア、欧州、中東の対立、紛争は、歴史や宗教が深く絡むため、容易には理解しがたい。

２０１６年には米国大統領選挙が実施され、２０１７年に新大統領が誕生する。その地位が衰えたとはいえ、依然として、経済的、政治的、軍事的に、米国のパワーは群を抜く。そこで、第2章は、米国大統領選挙を展望し、新大統領の政策を分析する。また、米国の政治、外交の歴史、制度を紹介した上で、今後を展望する。

［注］

1 庄司潤一郎「地政学とは何か――地政学再考」（防衛省防衛研究所ブリーフィング・メモ、２００４年3月）

2 コーリン・フリント『現代地政学――グローバル時代の新しいアプローチ』（原書房、２０１４年）45ページ参照。

3 浅川公紀「地政学再考」（『武蔵野大学政治経済研究所年報』第10号、２０１５年）7-9、18ページ参照。

4 クリスティアン・W・シュパング「カール・ハウスホーファーと日本の地政学――第一次世界大戦後の日独関係の中でハウスホーファーのもつ意義について」（『空間・社会・地理思想』第6号、２００１年）

5 コーリン・フリント『現代地政学――グローバル時代の新しいアプローチ』（原書房、２０１４年）11ページ参照。

6 曽村保信『地政学入門――外交戦略の政治学』（中央公論社、１９８４年）32ページ参照。

7 James Fairgrieve, *Geography and World Power*, University of London press, 1915

8 ハルフォード・ジョン・マッキンダー『マッキンダーの地政学――デモクラシーの理想と現実』（原書房、２００８年）１８７ページ参照。

9 Office of the Historian website (United States Department of State)"Mahan's The Influence of Sea Power upon History: Securing International Markets in the 1890s"

10 グレン・ハバード、ティム・ケイン『なぜ大国は衰退するのか――古代ローマから現代まで』（日本経済新聞出版社、２０１４年）１１０-１１１ページ参照。

11 杉原高嶺、水上千之、臼杵知史、吉井淳、加藤信行、高田映『現代国際法講義 第5版』（有斐閣、２０１２年）6、35、68-70、95-１１１ページ参照。

第2章

新大統領で変わる米国の世界戦略

1

米国大統領選挙と政治の仕組み

知名度の高い候補同士の決戦

依然として、米国は、世界のスーパーパワーであり、世界最大の経済力と世界最強の軍事力を持つ。その米国のリーダーである次期大統領が誰になるのかは、世界に大きな影響を与える。そこで、以下、米国大統領選挙を展望し、それが世界の金融市場に与える影響について分析を進める。

２０１６年11月に、米国大統領選挙が実施され、新大統領が選出される。そして、２０１７年１月に新大統領が就任する。民主党候補はヒラリー・クリントン、共和党候補はドナルド・トランプと、たいへん知名度の高い候補の対決となる。しかも、両者のバックグラウンドや経歴が大きく異なるので、関心度は高い。

大統領は、米国の国家元首であり、行政府の長、軍の最高司令官である。副大統領とともに、４年ごとに選挙が実施される（11月の第1月曜日の翌日の火曜日に実施[1]）。任期は４年であり、一度だけ再任可能である。つまり、最長の任期は８年となる。さらに、米国生まれの米国市民で、35歳以上、14年以上米国に居住している必要がある。大統領候補は、各政党により選出される。

副大統領は大統領と同じ任期である。大統領が職務不能に陥った場合に、大統領職を継承する権利を有する他、上院の議長を務める。

行政府長官（たとえば財務長官）と議員の兼任は禁止されている。このため、各省庁のトップは、その分野の専門家を選ぶことができる。しかも、主要な行政官ポストはすべて政治任用なので、大統領を支えるチームのメンバーやその関係者たちがポストを得ることが多い。

つまり、大統領を取り巻くチームが政権を担うというイメージだ。よって、大統領が交代すれば、政府の主要ポストの多くが交代する。この点は、首相が頻繁に交代しても、安定した官僚組織が機能する日本と大きく違う。

米国大統領選挙の特徴

基本的に、米国の選挙には、予備選挙と本選挙がある。大統領選挙の場合、予備選挙は、本選挙に先立って、政党の代議員を選出するために行われる。

予備選挙で選ばれた代議員が、全国党大会で、政党公認候補者を選出する。ただし、実際には、予備選挙の過程で、候補者は実質的に決定されている。予備選挙が行われず、党員集会で決定する州もある。そして、7月の全国党大会で、各党の正副大統領候補者が発表される。

大統領本選挙では、有権者が大統領に直接投票するのではなく、有権者が選挙人団を選出し、選挙人団が大統領を選出する形態をとる。全米50州（上院下院議員数と同数）及びコロンビア特別区3名の選挙人が、選挙人団を構成する（合計538人）。

原則として、一般投票で1票でも多く獲得した大統領候補者の選挙人団が、その州の選挙人団を総取りできる（勝者独占方式、ウィナー・テイクオール）。大統領に当選するためには、この538票のうち270票を獲得しなければならない。このため、一般投票の得票数が多くても、選挙人の得票数が少なくて、大統領になれないという事態もある。

大統領選挙は、有権者1・5億人（2012年）を対象に運動を行い、選挙戦は長丁場となるため、選挙資金力がものを言う。広い国土を遊説に回り、テレビやインターネットでコマーシャルを流し、スタッフを雇い、事務所を維持するなど、選挙運動の資金は莫大となる。

副大統領の重要性が高い

日本におけるイメージと違うのが、副大統領の重要性だ。「オバマ政権の副大統領は誰か?」と聞かれて、正しく答えられる日本人はそれほど多くないかもしれない（正解はジョー・バイデン)。ところが、米国では副大統領(上院の議長を兼ねる)の重要性は高い。

歴史上、大統領が任期中に死去した(暗殺された)、もしくは、辞任したために昇格した副大統領は9名いる。戦後では、ルーズベルト死去後のトルーマン、ケネディ暗殺後のジョンソン、ニクソン辞任後のフォードの例がある。あるいは、ニクソン、ブッシュ(父)は副大統領経験者だ。

その意味では、大統領選挙の際に、副大統領の資質も大いに問われる。そのため、大統領候補は、自分が持ち合わせていない資質を持つ副大統領候補をうまく選び、自身の弱点を補って、選挙に臨むのが一般的だ。

第二次世界大戦中に連合国最高司令官だったアイゼンハワーは、戦後、NATOの最高司令官を務めるなど、安全保障の専門家だった。政治・行政経験が乏しかったアイゼンハワーは、若くして上院、下院議員の経験があるニクソン(後に大統領に就任)を副大統領候補に選んだ。

映画俳優出身だったレーガンは、大統領就任前に、カリフォルニア州知事だった。ただし、その任期は8年であったが、外交、安全保障などの点で、大統領としての資質に大きな疑問符がつけられていた。そこで、レーガンは、下院議員、CIA長官、国連大使などを務めた外交のプロであったブッシュ(父)を副大統領に選んだ。

意外に弱い大統領の権限

日本では、「米国の大統領の権限は強い」と言われることが多いが、実態はまったく逆だ。大統領の権限は、意外に弱い。

米国では、議会の権限がたいへん強い。大統領は、議会に法案を提出する権利もなければ、予算案を提出する権利もない。これらに限って言えば、日本の首相よりもはるかに権限が小さい。

すべての立法権は連邦議会に属し、税金の徴収、戦争の宣言、金銭の借入などは、議会の権限である。上院・下院も、あらゆる事項に関する法案を発議できるが、歳入法案は下院が発議する。

日本では、法案の提出権は、内閣と国会議員の両方が持つ。政府と議員が国会に法案を提出することができるが、実際に成立しているのは90％前後が政府提案だ。つまり、多くの場合、法律は官僚がつくる。

しかし、米国では、すべての法案は議員立法であり、大統領府や官僚が法案をつくることはできない。大統領は、教書や演説によって、自分の方針を示し、それを反映した法案をつくるように呼びかけることはできる。しかし、法案の作成も、成立も、基本的には権限はない。

ただし、大統領は、議会で可決された法案に対して、拒否権を発動できる。それに対して、大統領が法案に拒否権を行使した場合、議会が3分の2以上の賛成によって法案を成立させることができる。

日本と異なり、米国の政党には党首はいない。たとえば、日本では、安倍首相は自民党総裁だが、オバマ大統領は民主党の党首ではない。

党組織とは別に、連邦議会（上院・下院）では、各政党の院内総務が任命され、党の政策方針のスポークスマンとなる。いわば、その党の連邦議会議員のキャプテンのような存在である。ただし、連邦議会の議員は、自立的な行動をとるため、党の方針と異なる法案に賛成票を投じることもある。

大統領は議員をクビにできないが議会は大統領をクビにできる

日本では、衆議院が憲法上の優越性を持つが、米国では、どちらかと言えば、日本の参議院に相当する上院の地位が高い。日本では、参議院議員が辞職してまで衆議院選挙に打って出ることがある。一方で、米国では、下院議員が上院議員になるパターンが少なくない。議席数も、上院が圧倒的に少ない（つまり希少性がある）。

下院のみが、大統領と連邦最高裁判所裁判官を弾劾できる。一方、上院は、大統領が指名した連邦政府高官や大使を承認する権限、条約を批准する権限が付与されている。

図表2-1　米国議員の選挙制度

	上院	下院
議席	100	435
任期	6年	2年
任期回数	制限なし	制限なし
改選	100名のうち、3分の1を選出	435名全員選出
選出方法	各州2名	各州1議席、 残りは各州人口比例
議員資格	30歳以上、9年以上米国市民 （選出州の合法的住民）	25歳以上、7年以上米国市民 （選出州の合法的住民）

（出所）米国大使館

日本では、首相が成立させたい重要法案を国会が否決した場合、衆議院を解散し、国民に信を問うことができる。２００５年に、郵政民営化法案が否決され、小泉純一郎首相は、衆議院を解散し、大勝利した。その結果、自分の意思を国会に反映させた。また、衆議院は首相に対して不信任決議案を決議することができる。その場合、首相は、衆議院を解散するか、辞職する、のいずれかの選択肢をとる。

米国では、大統領が議会を解散する権限はない。一方で、議会は大統領を弾劾する権利を持つ。実際に、ニクソン大統領は、ウォーターゲート事件の責任を追及されて弾劾手続き中に辞任に追い込まれた。つまり、大統領は議員をクビにできないが、議会は大統領をクビにできる。

予算における議会の権限が強い

政治的な意思を具現化するのに最も重要な手段は、予算である。予算案を含めた立法権は議会に属しており、大統領府が議会に法案を出すことはできない。日本では、政府予算案の提出権は内閣のみが持ち、国会にはその権限はない。

米国の予算編成は、議会が主導権を握る。毎年2月に公表される大統領の予算教書は、一般教書（外交・内政方針）、大統領経済報告（経済情勢の判断）と並んで、3大教書と呼ばれる。大統領は予算教書によって基本方針を示すことができるが、予算教書は、議会に対する大統領の提案であって、参考資料という位置付けに過ぎない。予算の提案、議決権は、議会にあり、大統領の予算教書に議会は拘束されない。ただし、議会は、予算教書の内容に問題がない場合は、修正なしに受け入れることが多い。

予算案については、予算そのものが1つの法案として審議されるのではなく、議会が個別に複数の歳出法、歳入法、税法等を作成し、審議・議決する。そして、大統領の署名により、年度開始前（10月1日）までに、歳出法案が法律として成立する。

議会の予算編成をサポートするのが、議会予算局（CBO）であり、経済予測、財政見通し等を作成する。財政の将来見通しは、現在の政策を前提とし、ベースラインと呼ばれる。一方、予算教書の財政見通しは、大統領府の行政管理予算局（OMB）が作成する。

州の権限が大きい

米国は、連邦政府と州政府の連邦国家である。[2] このため、州の権限がたいへん大きい。50州の政府とその下に、郡、市町村の地方自治体がある。また、連邦政府直轄のコロンビア特別区は、米国の首都であり、どこの州にも属さない。

連邦政府と州政府は、それぞれ役割が異なる。連邦政府は、通貨の発行、外交防衛など連邦政府にしかできない業務と、州をまたがる業務しか手掛けることはできない。

日本は地方政府を財政的に支援する制度として、地方交付税がある。しかし、米国では、連邦政府が地方政府を財政的に支援する仕組みはない。財政的に依存していないからこそ、地方政府は、独自の権限を持ち続けられるとも言える。

多少の例外はあるものの、民法、刑法など一般的な法律は、州が定める。たとえば、銃の保持や死刑、中絶の是非などの制度は州に決める権限はあるが、連邦政府にはこれらを決める権限はない。

このように、米国は、連邦と州、そして大統領と議会が互いにチェックしながら、全体としてバランスをとっているのだ。

米国民はバランス感覚がある

米国の議会と大統領は、ねじれる場合が多い。議院内閣制をとる日本では、衆議院と参議院の多数党、そして首相の属する与党は、通常、同じである。しかし、米国では、上院と下院の多数党、そして大統領の属する党、つまりこれらの党が同じであることは一般的でない。

図表2-2　共和党議席構成比の推移

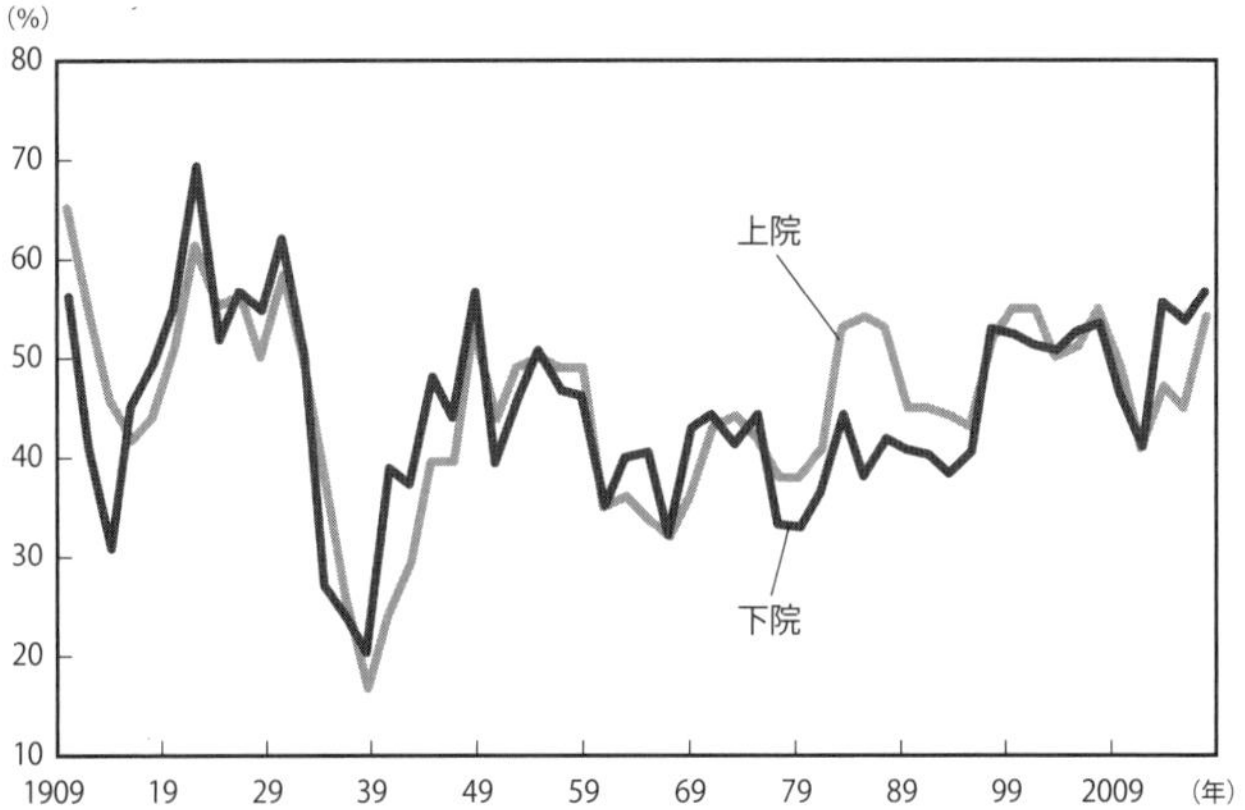

（出所）上院、下院

これらの党が同じでない状態、つまり、日本では「ねじれ」と言われて不安定な状態が、米国では普通なのだ。過去50年間に、ねじれのない状態は14年間に過ぎない。むしろ、ねじれていること自体はチェック・アンド・バランスが働くので好ましい場合が少なくない。

1909年に就任したウィリアム・タフト大統領からオバマ大統領まで、共和党の大統領就任期間は52年間、民主党は56年間とほぼ同じである。その間、概ね両党が交代で大統領を輩出してきた。

1つの党が3回連続大統領選挙に勝ったのは、戦後、共和党のレーガン（1980年、1984年）、ブッシュ（父、1988年）しかない。レーガンの人気は高く、8年間副大統領として政権を支えたブッシュは、その支持を受けて当選した。つまり、過去の例と同じであれば、民主党のオバマ大統領が2回続けて大統領選挙に勝ったので、今回の選挙は共和党が勝つ順番ということになる。

一方、議会では民主党が多数を占めることが多い。上院・下院とも、108年のうち、68年間は民主党が多数党であった。そして、共和党か民主党が、上院、下院の多数、そして大統領ポストを独占することは、比較的短期間である。言い換えれば、米国民はバランスをとっているのである。

時代によって、どちらかの党が優位な時代がある。たとえば、1920年代までは、大企業重視の経済政策をとる共和党が優位だったが、1929年の大暴落以降は、労働者重視の経済政策をとる民主党が優位となった。

1960年以降、議会において、共和党対民主党は、前者が優位な傾向が見られる。共和党の議会における議席構成比は上昇傾向にあり、現在、共和党が上院、下院で多数を占めている。

これは、白人、高学歴、高齢、高収入の条件に合致する人が多い共和党支持者の方が、ヒスパニックや若年者が多い民主党支持者よりも、投票率が高いためである（その他、選挙の区割りなども影響している）。

米国外交における議会と大統領の権限

とりわけ、外交において、米国の制度は日本のそれと大きく異なる。特に、外交、安全保障の分野では、議会の発言力が強い。たとえば、ウィルソンの国際連盟、ゴアの京都議定書など、大統領や副大統領が世界に約束しても、議会（上院）の反対により、実現しないことがある。

1997年に、気候変動枠組条約京都議定書が採択され、先進国を対象に、国別の温室効果ガスの削減数値義務を盛り込んだ。ゴア副大統領の強力なリーダーシップでまとめ上げたものだった。

ところが、京都議定書は、クリントン大統領が署名したものの、議会の同意が得られずに批准できなかった。2001年に誕生したブッシュ政権は、「途上国に数値目標を課しておらず、不公平である」として、不参加を表明した。

条約とは、国家間で文書により締結された国際的合意であり、条約、協定、議定書など名称は多様である。米国では、合衆国憲法により、条約は、制定法と同様に、国の最高法規としての地位が与えられている（合衆国憲法6条2項）。判例上も、連邦法と条約は同等の効力があることが判例上確立している。一般に、条約は、交渉、条約文の採択、署名、批准の手続きを経る。なお、日本でも、条約締結は内閣の職務であるが、国会の承認が必要である（日本国憲法73条3号）。

条約を締結するのは国家であり、米国では、州が条約を締結することはできない（合衆国憲法1条10節）。大統領が条約締結権限を行使するが、そのためには、上院の助言と承認（出席議員の3分の2の賛成）が求められる（合衆国憲法2条2節2項）。

出席議員の3分の2の賛成が大変高いハードルであるため、時々、条約が批准できない事態が起きる。ただし、憲法慣行として、上院による助言と承認なしに、大統領の外交的権限に基づき、行政協定を締結することができる。つまり、重要なものに限って、上院の権限が大きいということだ。

大統領のリーダーシップ次第

米国の外交政策は、大統領によって大きく転換しており、大統領の名のついた外交政策は数多い。大統領の権限がある程度制約されているとしても、国務長官を中心とする政府の外交組織は大統領の管轄下にある。もちろん、世界各国の大使もすべて大統領が任命する。

大統領は、外交方針を議会で演説することが多い。その代表的なものが、一般教書で示される外交方針だ。これは、大統領の基本的な外交方針を示し、議会の理解を得ようとするものだ。

大統領が唱える外交方針は、ドクトリンと呼ばれる。代表的なものとしては、①孤立主義を唱えたモンロー・ドクトリン、②共産圏封じ込め策を唱えたトルーマン・ドクトリン、③中東における米国の利益を強調したアイゼンハワー・ドクトリン、④アジア全域からの地上軍の撤退を宣言したニクソン・ドクトリン、⑤軍事力の増強と反共産勢力支援から成るレーガン・ドクトリン、が挙げられる。[3]

これらの中で、モンロー・ドクトリンは米国の孤立主義の伝統を明確化したという点で、大きな影響を持った（詳細は後述）。戦後の米国の国際主義への転換を決定付けたのが、トルーマン・ドクトリンとアイゼンハワー・ドクトリン、そして、冷戦終結をもたらしたのが、レーガン・ドクトリンだ。

このように、議会の権限が強いにしても、大統領の見識とリーダーシップ次第では、世界を変えるような外交、安全保障政策を展開できる。

2

構造変化を起こしつつある米国の政治

多様性の進む大統領候補

今回の大統領選挙の大きな特徴は、候補者の多様化である。

米国の歴代大統領のほとんどはＷＡＳＰ（ホワイト・アングロサクソン・プロテスタント）の男性で占められていた。しかも、豊富な政治経験を持っている場合が多かった。例外は、カトリック教徒であったジョン・F・ケネディと、父親がケニア人であるバラク・オバマのみである。

歴代大統領の前歴は、副大統領が最も多く、次いで、州知事、連邦議員の順となる。歴代44名の大統領のうち、政治家の経験がなかったのは3名しかいない。米墨戦争の英雄ザカリー・テイラー、南北戦争の北軍将軍ユリシーズ・グラント、第二次世界大戦時の連合国総司令官ドワイト・アイゼンハワーが例外だが、過去100年間では、アイゼンハワーだけであった。彼らは、いずれも軍人として大きな実績を挙げているので、広義の公職者に分類される。

しかし、21世紀に入って、政治家の多様性が高まった。オバマは、ケニア人と米国人の両親を持つ。オバマは、元々、弁護士であって、国政においては、上院議員をわずか3年務めたに過ぎない。また、オバマが2期目の大統領選挙を戦った共和党候補ミット・ロムニーはモルモン教徒であった。

民主党の大統領候補の指名を獲得したのは、女性であるヒラリー・クリントンである。また、クリントンに迫る健闘を見せたのが、自らを社会主義者と呼ぶバーニー・サンダースである。そしてサンダースは、WASPではなく、ポーランド系ユダヤ人である。

現在、共和党の大統領候補の指名を獲得したのは、ビジネスマンであって政治経験のないトランプだ。そして、最後までトランプと激しく争ったのがカナダ生まれのキューバ系アメリカ人であるテッド・クルーズである。一時期は、黒人の脳神経外科医ベン・カーソン、両親がキューバ出身のマルコ・ルビオも、有力候補であった。

つまり、民主党と共和党の主要な大統領候補は、誰ひとり、WASP、男性、政治のプロという条件を満たさなかったのである。こうした現象は、米国社会の構造変化を表しており、今後も続く可能性が高い。

人口動態の変化と貧富の格差拡大

米国社会の構造変化を引き起こした要因として、第1に、人口動態の変化がある。マイノリティ、特に、ヒスパニックの台頭は米国の政治に大きな影響を与えている。前述のように、ヒスパニックの大統領候補者も増えている。

米国のヒスパニック人口は全体の17%と、マイノリティでは最大のグループとなっている（2014年）。ヒスパニックのうち、出身国はメキシコが最も多く、次いで、プエルトリコ、キューバ、エルサルバドルと続く。米国センサス局の推計では、ヒスパニック人口は2060年には1・2億人に増加し、全体の29%を占めるという。[4]

1965年の移民法改正により、国籍別割当制度の廃止や移民認可の申請順制度などが盛り込まれた。[5]それまで、米国では、欧州からの移民が中心であったが、中南米、アジアからの移民が増加するようになった。今年の大統領選挙時には、白人69%、黒人12%、ヒ

図表2-3　大統領選挙の投票率の推移

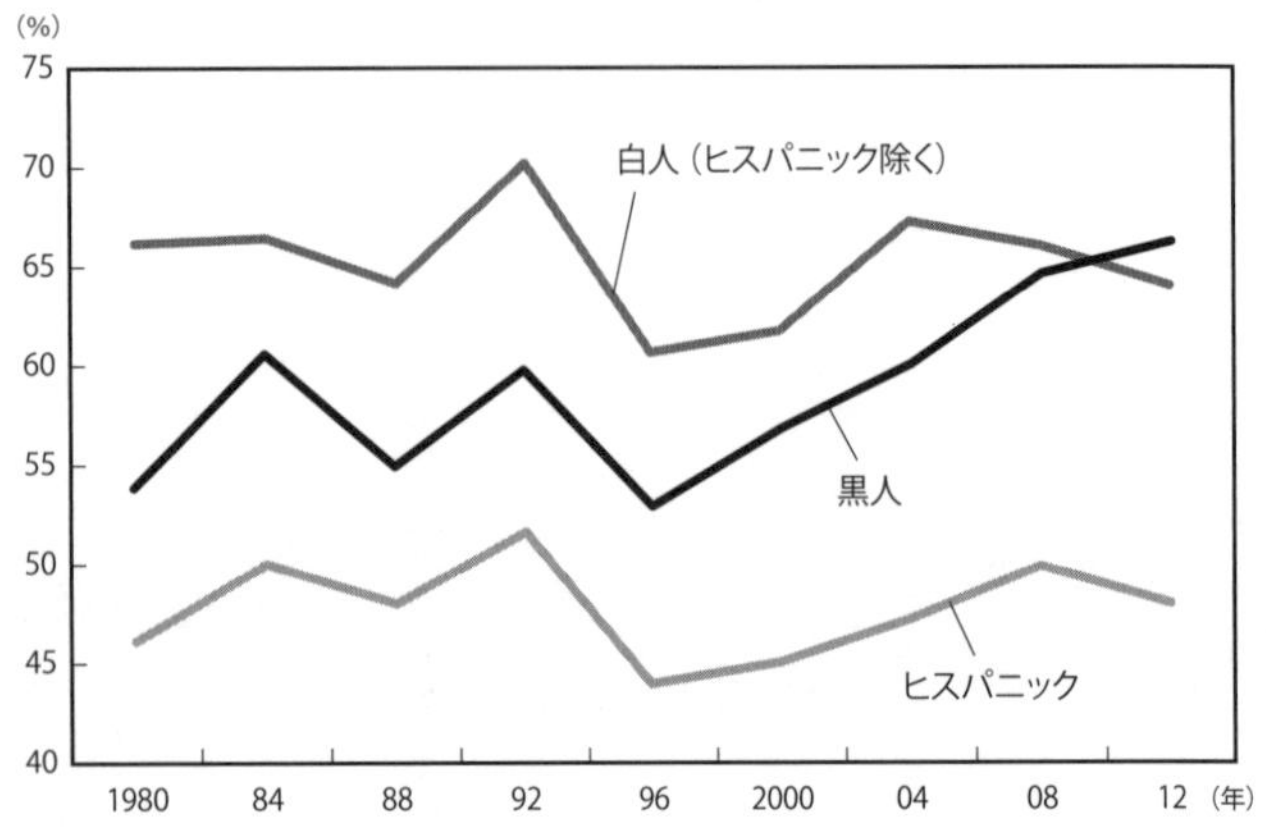

（出所）US Census Bureau

スパニック12％、アジア4％の有権者構成比となる見込みである。[6]

不法移民に好意的な立場をとる人は民主党を、否定的な立場をとる人は共和党を支持する傾向がある。[7]共和党は、WASPを支持基盤とするが、米国社会では、WASP優位が崩れつつある。

ただし、選挙において、ヒスパニックの投票率は低い。このため、ヒスパニックの数は増えているが、人口の半分以上は選挙に行かないので、政治力は強くない。

第2に、貧富の格差の拡大がある。株式や土地など資産価格の上昇によって、富める者はますます富んでいる。高所得者20％が、全所得の62％を稼ぎ出している。また、富裕層上位20％が資産の89％を保有する（2013年）[8]。株価と住宅価格上昇の恩恵を受けて、富裕層の資産増加率は高い。

そして、ヒスパニックを中心とする移民の増加は、

図表2-4　米国家計資産の分布

(%)	上位1%	上位2%～5%	上位5%～10%	上位10%～20%	上位20%	上位20%～40%	上位40%～60%	下位40%
1983年	33.8	22.3	12.1	13.1	81.3	12.6	5.2	0.9
2013年	36.7	28.2	12.2	11.8	88.9	9.3	2.7	-0.9
純資産増加率	81.6	109.3	67.9	51.9	82.9	23.8	-14.1	—

（出所）Edward N. Wolff, "Household Wealth Trends in the United States, 1962-2013: What Happened over the Great Recession?" NBER Working Paper No.20733, December 2014

貧しい者の数を増やしている。そして、彼らの所得や資産の伸び率は低い。

このため、ごく少数の富裕層と多数の貧困層の格差は一段と拡大している。ヒスパニックなど非白人は、所得再分配政策を重視する民主党を支持する傾向がある。

保守の共和党とリベラルの民主党

米国の政治には、リベラルと保守という概念がある。大恐慌後、ルーズベルト大統領に代表される民主党の改革派をリベラルと呼び、社会の再配分を重視し、大きな政府を志向していた。それに対し、保守とは、小さな政府を志向する考えである。ニューディール政策による福祉国家化や黒人の公民権運動に対し、白人中産階級が不満を持つ中、保守派が台頭してきた。

一般には、民主党がリベラルであり、共和党が保守と言われる。このように、政治に対する基本哲学には大きな相違があるが、最近、両者の相違が際立ってきた。

米国の政党政治は、建国以降、ほとんどの期間で2大政党制である。米国初の政党は、フェデラリスト党と民主共和党である。1800年に、民主共和党が政権政党となり、フェデラリスト党が敗北し、その後、消滅した。

民主共和党から分派した民主党が、1828年に政権に就いた。1854年に、奴隷制廃止を掲げた共和党が組織化された。1860年に共和党が勝利し、エイブラハム・リンカーン大統領が就任した。その後、民主党と共和党による2大政党体制が続いている。

戦後の大統領選挙の一般選挙で、平均95%近くの票が2大政党に投じられてきた。これは、選挙制度に起因する。連邦・州議会議員の選出方法は、小選挙区制度（最多得票を得た候補者が当選、1選挙区1政党）である。大統領選挙でも、勝者独占（ウィナー・テイクオール）方式であるため、第3政党の候補者が勝利するのは、極めて難しい。

1960年代頃まで、共和党は、東部の穏健派（エスタブリッシュメント）が支配していたが、その後、南部戦略により、南部の保守層が民主党から共和党に流入するようになった。[9] また、1980年代には、民主党支持層であったキリスト教福音派が、共和党の重要な支持基盤となった。共和党は、大企業、富裕者層を支持基盤として、自由経済主義、小さな政府、政府介入を最小限とする。

民主党は、ニューディール連合時代（1932年～1960年末）まで、白人労働者階級を中心とした政党であったが、1960年代に、公民権運動、ベトナム反戦運動、女性解放運動、環境保護運動といった活動家、インテリ層が流入し、リベラル派が台頭するようになった[10]。2009年のオバマ大統領誕生の際には、民主党左派・反戦派やアフリカ系マイノリティが起爆剤となった。民主党は、中流、労働者層を支持基盤として、政府による経済介入に積極的である。

共和党内で影響力を増すティーパーティ

共和党は、次第に右傾化しつつある。特に、強い保守主義を掲げるティーパーティの台頭の影響が大きい。

ティーパーティは、小さな政府、自己責任、自由主義経済などを主張する草の根保守運動である。1773年のボストン茶会事件と“Taxed Enough Already”の頭文字にちなんで名付けられた。一般に、ティーパーティ支持者は、経済的に豊か、高齢、白人、熱心なキリスト教信者といった条件を満たす。

リーマン・ショック後の景気低迷の中、オバマ政権の経済政策（特に巨大な財政支出）、医療保険制度改革に対する不満から、2009年に台頭してきた[11]。2010年の中間選挙で、ティーパーティ運動が功を奏し、共和党が躍進し、下院で多数派となった。

ティーパーティ運動の支持層は、オバマ政権の政策に強い不満を持つ白人中高年であり、比較的収入は高い。教育レベルも高く、37％が大卒である。[12]
また、支持者の多くが熱心なキリスト教信者である点も特徴的である。つまり、思想が保守的であり、そうした価値観を重視する。
2008年の大統領選挙では、典型的な保守派であるサラ・ペイリンが、経験が乏しいにもかかわらず、共和党副大統領候補に指名された。大きな注目を集めた理由の1つが、ペイリンがキリスト教福音派の熱心な信者であることとされる。そのサラ・ペイリンは、2016年の大統領選挙共和党候補として、ドナルド・トランプを支持した。福音派（福音とは良い知らせという意味）は、エバンジェリカルとも呼ばれ、聖書の教義を重視する宗派である。
中絶反対、同性愛、同性結婚反対、銃保有規制反対などもキリスト教原理主義者の主張である。実際に、銃保有者はティーパーティ支持者の58％にも上る。米国社会の保守化の理由として、ヒッピーに代表される1960年代の行き過ぎたリベラリズムに対する反動があるとの見方もある。

ティーパーティの戦略が成功しつつある

ティーパーティ支持者は、低所得人口が増加する中で、それらの政治的な圧力によって、自分たちの比較的高い所得が低所得者に移転すると危惧している。ティーパーティ支持者は数こそ少ないものの、高所得者が多いので、豊富な資金を投入することができる。

その上、強い政治的な意識を反映して、政治的影響力の強化を目指している。保守主義であるティーパーティの支持者は、共和党員の約半数を占め、他の共和党員に比べて、積極的に政治に関わる。

予備選挙を中心に投票する他、約8割が候補者や党に寄付している。選挙集会に参加し、選挙キャンペーンを支援する熱心なティーパーティ支持者は、共和党員の6割を占める。[13]

ティーパーティ運動は、共和党の主流派、穏健派にとって脅威となっている。その戦略は、予備選挙と党員集会でＲＩＮＯ（名ばかりの共和党員）を打ち負かすことである。[14]

共和党穏健派は、ＲＩＮＯと呼ばれ、ティーパーティによる攻撃の対象となっている。米国の選挙では、すべて予備選挙が実施されるため、現職の国会議員であろうが、予備選挙で勝ち抜く必要がある。そこで、比較的選挙基盤の弱い共和党穏健派に対して、保守系候補を立てる。予備選挙で投票する共和党員は、3分の1に過ぎないが、ティーパーティ支持者の投票率は高い。

予備選挙において、ティーパーティ支持者は保守系候補に対して積極的に投票し、ＲＩＮＯ駆逐を目指す。これでは、共和党穏健派は、選挙基盤が強くないと、十分な政治力を持てない。

そのため、元々、右寄りの共和党がさらに全体的に右傾化する傾向が強まっている。その結果、共和党の左、つまり、米国全体では中道に分類される有力な政治家が育ちにくいといった現象が生まれつつある。

共和党の大統領候補指名選挙において特徴的なことは、トランプ、カーソンと、まったく政治・行政経験のない候補者が、プロの政治家を大きくリードしたことだ。これは、共和党のプロの政治家たちが、共和党員に十分に支持されていないことを示す。これでは、全米から広い支持が必要である大統領選挙で勝ち抜くのは容易でない。

結果として、大統領になるためには、共和党の予備選挙に勝ち抜く必要があるが、そのためには、高所得者や保守主義者の支持を受けなければならない。このために、小さな政府や移民抑制など彼らの支持を得る政策が強く打ち出されるようになった。

所得再分配重視に傾く民主党

民主党は共和党と比較して、左寄りの政策を打ち出す傾向がある。その民主党が、さらに左傾化する傾向が強まっている。

それは、伝統的な民主党支持層である労働者階層のうち、低所得者層の人口が増えているからである。大統領になるためには、民主党の予備選挙に勝ち抜く必要があるが、そのためには、共和党とは逆に、低所得者の支持を受けなければならない。

民主党の大統領候補指名選挙では、74歳のサンダースが、当初から本命視されていたクリントンを相手に予想以上に善戦した。サンダースは、弱者救済、格差縮小を前面に掲げて、民主党の中でも最も左寄りの政策を打ち出している。

サンダースは、金融機関に対する増税によって財源を捻出し、それによって、公立学校の学費を無料にし、学生向けローンの金利を引き下げることを提案している。米国では、低所得者を中心に、リーマン・ショックを引き起こし、かつ、高給取りが多いウォール街に対する反発が強い。サンダースは、クリントンが大手金融機関から多額の講演料を得ていることなどを引き合いに出して、クリントンと金融機関に対して批判を展開した。

所得再分配政策を強く打ち出すサンダースが予想外に高い支持を集めたため、クリントンまでそれに影響されて、左寄りの政策を打ち出した。本来、クリントンは、ヘルスケア改革など社会政策に関心が高いのだが、その政策は一段と社会政策重視の傾向を強めている。

結果として、貧富の格差の拡大と低所得者層の人口増加は、相対的に低所得者の支持が強い民主党の政策に大きな影響を与えている。低所得者層が増えているため、民主党の指名を勝ち抜くには、候補者は彼らに向けた政策を強く打ち出さざるを得ない。

3

激戦が予想される大統領選挙

女性初の大統領を目指すヒラリー・クリントン

クリントンは、1947年生まれで、68歳である（2016年6月末現在）。イリノイ州シカゴ郊外の中流家庭に育ち、父親は小さな衣料品店を経営していた。名門女子大であるウェルズリー大学進学後、公民権運動など社会正義の活動に参加するようになった。卒業生総代として行ったスピーチが、注目を浴び、メディアにも取り上げられた。

イェール大学ロー・スクール在学中にビル・クリントンと出会い、1975年に結婚した。1978年には、アーカンソー州知事のファーストレディとなり、教育水準の向上、ヘルスケア改革に取り組んだ。この成功が、ヒラリーの政治的DNA（つまり社会政策に熱心）となった。

1993年に、ビル・クリントンが大統領に就任すると、ファーストレディとして、ヘルスケア改革に取り組んだ。ヒラリーが手掛けた児童健康保険プログラムは、児童の無保険率を半分に減らした。

2000年に、ヒラリーは、上院議員（ニューヨーク州）に選出された。2008年の民主党の大統領指名候補争いでオバマに敗北したものの、オバマ政権では、国務長官に就任した。国務長官の実績では、特筆すべきものはないが、自身の選挙用ウェブサイトの略歴では、イラン核問題、イスラエル・ハマスの停戦問題を実績として挙げている。なお、クリントンは、国務長官時代に、公務に私的な電子メールアカウントを使っていた問題を抱える。

大統領選挙における経済アドバイザーは、連邦準備制度理事会の副議長だったアラン・ブラインダー（プリンストン大学教授）である。選挙対策本部長のジョン・ポデスタは、オバマ大統領の顧問やクリントン政権の大統領首席補佐官を務めた経験がある。外交アドバイザーとして、ジェイク・サリバン（バイデン副大統領の前国家安全保障問題担当補佐官）が務めている。

国内の社会政策に重点を置くクリントン

クリントンの政策は、内政、社会政策が中心である。就任100日で取り組むべき優先課題として、①製造業、インフラ、クリーン・代替エネルギーでの雇用創出、②最低賃金の引き上げ、③女性の賃金ギャップの縮小、④オバマケア（ACA）拡充・薬価引き下げを挙げている。

これらは、ヘルスケアや格差縮小、弱者救済の色彩が強い。長期的な課題として、アルツハイマー病の撲滅を掲げる。言い換えれば、経済や安全保障政策に際立った特徴はない。

就任して取り組むべき優先課題の第1に、雇用創出を掲げる。経済の力強い成長のために、インフラ、クリーン・エネルギー、科学・医療研究への投資、小企業や中流階級の家計への税制優遇が打ち出されている。また、経済の公平な成長のため、従業員に利益を分配した企業に、15%の税額控除が付与される他、最低賃金の引き上げ、残業規則の強化といった労働者寄りの政策を挙げる。

経済面では、国内製造業を優遇する政策が中心であり、国際税制を利用した租税回避的な企業には対決的な姿勢を示すと見られている。[15] また、中小企業の国際競争力を高めるため、金融機関に中小企業への融資を促すなどの優遇策を打ち出している。

その一方で、ウォール・ストリートには厳しい。金融市場の短期主義には批判的であり、長期的な利益を重視する。また、金融業界が過剰なリスクをとらないように、大規模金融機関には、サイズやリスクに応じた手数料を課すことや、ボルカー・ルールの厳密な実施などを計画している。

外交・安全保障政策としては、まず、第1に、イランとの核合意を支持し、二度と核武装させてはならないと述べる。また、ISや海外のテロリストは、米国や同盟国にとって、甚大な脅威であるとして、IS打倒を掲げる。そして、中国の攻撃的な対応に懸念を示しており、サイバースペース、人権、貿易、国境紛争、気候変動など、中国に、利害関係者として、説明責任を果たすよう促す。ロシアのプーチン大統領には立ち向かうとし、欧州同盟国と協力し、周辺国への軍事介入を阻止するという。

クリントンはＴＰＰに反対する

トランプ、クリントンともに、環太平洋戦略的経済連携協定（ＴＰＰ）に反対の姿勢を示している。特に、ＴＰＰに賛成だったクリントンが反対に転じたのは注目される。

ＴＰＰは、安倍政権の成長戦略の中核として、その重要性は高い。２０１５年に、大筋合意が成立し、２０１６年に、参加国12ヵ国が署名した。ＴＰＰは、全参加国が国内法上の批准手続きを完了させた後60日以内に発効する。

ただし、ＴＰＰ域内のＧＤＰ合計（２０１３年）の85％以上を占める６ヵ国以上の批准が必要となる。米国が域内ＧＤＰの60％を占め、日本は18％を占める。つまり、日米両国が批准しないと発効しない仕組みとなっている。

日本では、あたかもＴＰＰは成立したものというイメージがあるが、実際には、ＴＰＰが発効するかについては、予断を許さない。というのも、米国では、以下の理由から、議会がＴＰＰを批准しない可能性があるからだ。

民主党は、国内産業保護の観点から、自由貿易推進には慎重、あるいは反対だ。共和党は、一般に、自由貿易政策を支持する。そして、批准する権利を持つ上院では、共和党が多数を持つ。しかし、退任が迫っている民主党大統領が約束したことを、共和党が賛成することには抵抗がある。

そこで、共和党は、「民主党がＴＰＰに賛成するなら、ＴＰＰを上院で審議する」と主張する。民主党が党全体として賛成に回ることはないと見越しての発言だ。

当然、トランプはＴＰＰ批准に反対する他、北米自由貿易協定（ＮＡＦＴＡ）といった貿易協定の再交渉も想定される。トランプの選挙戦略は、民主党オバマ政権を徹底して批判することであり、これによりオバマ政権第1期の国務長官だったクリントンも合わせて批判している。

厳しい立場であるのはクリントンだ。クリントンは、通商重視派であり、国務長官時代にはＴＰＰに賛成だった。ところが、大統領選挙を控えて、条件付き反対に転じた。サンダースのように、ＴＰＰに対して明確に反対する候補に対抗するためなのだろう。クリントンは、反対する理由として、ＴＰＰが米国民の雇用創出、賃金上昇、国家安全保障の強化につながらないとする。

しかし、ＴＰＰに反対することは、クリントンがオバマ大統領の実績を否定することになりかねない。クリントンの人気が盤石でないことから、クリントンはオバマ大統領の強いサポートが欲しいはずだ。

いくら大統領指名選挙であって、大統領選挙本番ではないと言っても、これほどまでにTPP反対を公言し、かつ繰り返してきた以上は、クリントンは容易に前言を翻すことはできない。これらを総合すると、予定通り、TPPが発効するのはたいへん難しい。

ビジネスマン出身初の大統領を目指すドナルド・トランプ

ドナルド・トランプは、不動産王とも称される。フォーブス誌の世界のビリオネアランキングによると、資産45億ドルである（2016年）。1946年生まれで、70歳である（2016年6月末現在）。ニューヨーク出身で、父親のフレッド・トランプは不動産開発業者であった。1964年に、フォーダム大学に入学したが、2年後、ペンシルバニア大学ウォートン・スクール校に転校し、1968年に卒業した。

父親の会社でキャリアをスタートさせ、5年間父親と働いた。その後、コンドミニアム、ホテル、カジノ、ゴルフコースといった不動産を建設し、ドナルド帝国を築いたが、破産を何度も経験している。1989年から1992年まで、航空会社も運営していた。

何度も破産を経験しながらも、そこから立ち直っているのが特徴的だ。ただし、米国の破産法は、債務者の再生が目的の1つである。債務が返せないのは、貸した方にも責任があるだろう、という趣旨だ。

1990年に開業したアトランティック・シティのカジノリゾート（トランプ・タージ・マ

ハル）は、多額の負債を抱え、翌年、チャプター11による破産を申請した。1988年に取得したニューヨークのプラザホテルも負債を抱え、トランプは持分を徐々に売却していった。1995年に、トランプホテルズ&カジノ・リゾーツが上場を果たしたが、2004年に、チャプター11による破産を申請している。2009年には、トランプ・エンターテイメント・リゾーツとして、破産申請している。2014年にも破産申請し、アイカーン・グループの傘下に入った。

2004年より、テレビのリアリティ・ショーのホストを務めるなど、メディアにも度々登場している。トランプタワー、トランプシャトル（航空会社）、カジノホテルを運営していたこともあって、米国における知名度はたいへん高い。

トランプ躍進の主因の1つは、既存の政治家に対する反発だ。米国民の議会の仕事ぶりに対する支持率は過去最低水準にある。貧富の差が拡大する中で、熱心に選挙活動する富裕層と選挙にあまり行かない低所得者は、どうしても利害が対立する。このため、議会が国民の意思から乖離する傾向がある。

日本でも、投票率の高い年配者と、投票率の低い若年者の利害は対立し、必ずしも国民全体の利益を国会が追求しないことがある。これに近い現象とも言える。

トランプは、こうした既存の政治勢力に対する国民の不満をうまく吸収してきたと言えよう。共和党候補でありながら、弱者救済、国内産業保護を強く打ち出した政策は、支持層を広げてきた。

イエレン議長を批判するトランプ

トランプの経済政策は、２つの特徴がある。

金融政策

トランプは、ＦＲＢの独立性とイエレン議長の金融政策に敵対的な発言を行っている。[16] インタビューにおいて、イエレン議長の更迭について言及しており、低金利政策の継続を掲げる。利上げは、ドル高を招く。あるいは、自らが手掛ける不動産事業にとっては低金利の方がいい。

また、民主党員であるイエレンは民主党政権によって指名されたので、政治的な意味合いもあるだろう。よって、トランプが大統領の場合、任期の切れる２０１８年に、イエレン議長を再任しないものと予想される。ＦＲＢ議長の任期は４年だが、一般に、２期８年務めることがある（例：ボルカー、バーナンキ）。

ドッド・フランク法（リーマン・ショック後に導入された金融規制）には強く反対しており、選挙で選ばれていない政府職員、とりわけ金融規制当局に権限が付与され過ぎていると考える。つまり、ウォール街の大手金融機関に近い立場だ。

財政政策

税制改革により、「再び、米国を偉大な国にする」ことを目指す。具体的な施策として、独身で年収2万5000ドル、夫婦合算では5万ドルまで所得税は免除され、中間層を中心に、減税の恩恵を受ける。個人の所得税の段階を7段階から4段階にして、所得税の最高税率は25％に抑える（現行39・6％）。夫婦に不利な税制、代替ミニマム税（AMT）を廃止し、長期譲渡益税・配当課税の上限を20％とする。法人税は、15％に引き下げる。相続税も廃止される。

こうした減税分は、歳入に中立となるよう、①富裕層の税額控除・抜け穴の廃止（軽減）、②海外に溜め込まれた2・5兆ドルの企業利益の国内還流（一度限り、税率10％）、③企業の税制回避行為に対する規制、といった措置がとられる。

歳出面では、ヘルスケア改革を実施する。2013年に施行されたオバマケアは、ひどい法律であり、国民に多額の経済的負担をもたらすとして、廃止を求める。個人の保険加入義務付けを廃止し、保険会社が州をまたいで、保険プランを提供することを許可する。さらに、不法移民のヘルスケアコスト（年間110億ドル）も減らすとしている。

トランプの対中国政策に注目

トランプは、素晴らしいビジネスマンであるものの、外交の経験はない。このため、外交、安全保障の手腕について、疑問を投げかけられることが多い。トランプの外交政策は未知数だが、中国や日本に対して、厳しい発言を繰り返してきた。とりわけ、トランプは、中国との通商関係の再構築を重視する。米国企業と国内雇用のため、中国に対し、公平な貿易体制を求めていくとする。

人民元が、15%から40%も割安に評価され、米国の製造業者を弱体化させ、国内の雇用を奪っていると主張する。そして、中国を通貨操縦者と宣言し、交渉テーブルにつかせる戦略である。また、中国の知的財産権の侵害をやめさせ、中国政府による違法な輸出補助金の廃止や不適切な環境・労働基準の改善を求める。これらによって、人民元自由化圧力がかかることだろう。

移民改革の3原則は、①国境なき国は国ではない、②法なき国は国ではない、③国民に奉仕しない国は国ではない、であり、米国の労働者を最優先に考える。

メキシコ（他のラテン諸国も同様）が、不法移民を利用して、米国に犯罪と貧困を輸出している。そのため、メキシコは、米国との国境の壁を設置する費用を支払うべきと主張する。移民税関執行局（ICE）職員数の3倍増、E-Verify（就労資格照合システム）の拡大、外国人犯罪者の強制退去、査証切れ滞在者の罰則強化、出生地主義の廃止などの政策も掲げる。

トランプは、メキシコとの国境の壁建設費用をメキシコに負担させるという。その手段として、メキシコが50億～100億ドルを一括で支払うか、さもなければ、愛国法を利用し、年間240億ドルにのぼる米国で働くメキシコ国民からの送金を遮断する。また、関税や貿易ルールの改正、査証の発給停止、査証手数料（国境通過カード含む）の引き上げなども費用負担の手段として例示している。

支援者を意識して、退役軍人の支援策や銃保有者の権利保護を掲げる。退役軍人政策については、退役軍人省の機能改善、退役軍人の医療（PTSD、外傷性脳損傷、自殺予防）支援、雇用支援、多様化への対応、女性退役軍人への支援が含まれる。銃規制については、保有銃の選択自由化、身元調査の拡大阻止、銃携行所持の規制緩和を挙げる。

計算しつくされたトランプの選挙戦術

トランプは、自由奔放な発言で物議を醸すことが多いが、実際には、その発言は十分計算しつくされていると見られる。派手な言動で、マスコミの注目を集めることができる。その言動に対して批判が多い一方で、不法移民に対して批判的な層では、強力な支持者を得ている。

たとえば、メキシコ不法移民排斥発言だが、これにより、人口が大きく増加しているヒスパニックの人気が落ちるリスクがある。しかし、敢えて、ヒスパニックの票を捨てても、白人保守派の票を固めようとしているのだ。

図表2-5　2014年連邦議会選挙の投票率

属性	投票率	属性	投票率	差
白人	46%	ヒスパニック	27%	19%
大学院卒	62%	高校卒	34%	28%
65歳以上	59%	34歳以下	23%	36%
年収15万ドル以上	57%	年収1万ドル以下	25%	32%

（出所）US Census Bureau

米国には、日本の戸籍や住民票にあたる住民登録制度がないため、選挙権は、18歳以上で、有権者登録を行った者に限られる。米国市民は、各居住地で登録の上、有権者資格を得る。登録の際、支持政党（無所属登録も可能）を申告するため、政党の党員として登録され、予備選挙や党員集会に参加できる。

このため、選挙に参加するには、有権者登録をした上で、投票所に行って投票するという2つのプロセスが必要だ。このため、2012年大統領選挙の有権者による投票率は62%にとどまる。大統領選挙がなく、中間選挙にあたる2014年連邦議会選挙の投票率は42%と低い。

米国では、白人、高学歴、高齢、高収入の条件に合致する人の投票率は高く、トランプは、これらの層をターゲットにして選挙戦を戦っている。加えて、トランプは、共和党であるにもかかわらず、白人労働者階級からの支持が高い。

2012年の調査では、白人労働者階級は全体の36%を占め、学歴が高くない（4年制大学未満）ブルーカラーの白人層である。[17]世帯年収も5万ドル以下が58%、財政的にも、貧困、あるいはそれに近い層が66％を占める。白人労働者階級の仕事が、中国やメキシコなどの低賃金労働力を持つ国に奪われている。

そして、意外にも、トランプは、共和党の中では、ヒスパニックに人気がある。選挙に行くのは、メキシコからの合法な移民だ。彼らにとって、不法移民が自分たちの仕事を奪うことを防ぐので、メキシコ不法移民排斥政策を歓迎することも多い。

実際に、トランプは、ヒスパニックの多いネバダ州、アリゾナ州、フロリダ州などで圧勝した。特に、フロリダ州は、両親がキューバ人であるマルコ・ルビオ上院議員の地元だったが、ヒスパニックの票でも、トランプはルビオを大きく引き離した。

君子と優れたビジネスマンは豹変する

トランプは、ＩＴバブル崩壊、リーマン・ショックなど、厳しい危機を生き抜いてきた。考え方が硬直的だと、変化の激しいビジネス、それも不動産業では生きていけない。その意味でも、トランプは柔軟性が高い。

大統領選挙においても、トランプは、直前まで戦っていた政敵とがっちり握手して、協力を得るということもあった。あるいは、マスコミから過去の言動が食い違っていることを指摘されると、「自分はビジネスマンなので、環境が変われば、考えが変わるのは当然だ。そうでなければビジネスは成功しない」と反論している。これが、彼の真骨頂だ。

前述のように、トランプの一見破天荒な発言も、その多くは計算しつくされている。その点は、経験豊富なビジネスマンであるだけに、外交面でも深い読みがある。

たとえば、トランプは、メキシコからの不法移民対策のために、米国とメキシコの国境に「万里の長城」をつくると言っている。ただし、その建設費用は、メキシコ政府に負担させると言っている。もちろん、メキシコの大統領は負担しないと言っており、実際にそれが実現するとは思えない。

「米国が費用を負担して壁をつくる」と言うと、それが実現できなければ、自分の責任になる。しかし、「メキシコに費用を負担させて壁をつくらせる」と言うと、それが実現できなくても、直ちに、自分の責任にはならない。このように、大胆に見える発言にも、経験豊富なビジネスマンらしい緻密な計算が働いている。

トランプの対日外交政策

過去の例を見ると、外交の経験がなくても、外交で成功した大統領は少なくない。大統領就任前に、外交経験がまったくなかったレーガンはソ連との冷戦において、大きな実績を残した。そして、同じく外交経験がまったくなかったクリントンは冷戦崩壊後の世界の混乱を大きな波乱なく乗り切った。

これまた、ほとんど外交の経験がなかったオバマ大統領も、ロシアと核兵器の大幅な削減協定を成立させた。そして、オバマ大統領は、キューバと国交回復、イランに対する経済制裁解除を成し遂げた。

すべての分野において完全なリーダーはいない。そこで、大統領を中心とするチームとして、様々な問題に対処できるかが問われる。米国には、外交、安全保障の専門家が数多い。そこで、大統領に問われる資質は、専門知識ではなく、リーダーとしての力量なのだ。

同様のことは、対日外交政策にも当てはまるだろう。過去、トランプは、日本に対して、どちらかと言えばネガティブな発言を繰り返してきた。米国の雇用を奪っているとして、「貿易で中国と日本とメキシコを打ちのめす」と発言している他、日米安保についても、米国は日本を防衛する義務はなく、駐日米軍の費用を日本が全額負担すべきとの主張も行っている。

このため、トランプが大統領になった際の日本への対応について、懸念する声が多い。確かに、トランプは、外交の専門家ではないので、不安視されることはあるだろう。現在は、選挙中であるため、どうしても人気を集めるために、その発言は誇張したものになりがちだ。

選挙が終わり、トランプが大統領になった場合、外交安全保障の専門家チームがつくられることになる。当然のごとく、国務長官や国防長官には、トップクラスの専門家が選ばれることとなる。そうした過程で、十分日本に理解を深めた政策がとられることを期待したい。

クリントン対トランプは意外に接戦

知名度が高く、かつ個性の強い2人が激突するだけに、今回の大統領選挙はたいへん注目される。日本では、クリントンの知名度が高いので、イメージとしてはクリントンが明確に有利に見えるかもしれないが、実際には、両者は意外に接戦を繰り広げている。

選挙のたびに、勝利政党が変動する激戦州をスイング・ステート（パープル・ステート）と呼ぶ。スイング・ボーターと呼ばれる無党派層が多く、どちらかの支持基盤が盤石でない州であり、選挙結果を大きく左右することになる。スイング・ステートは、オハイオ、フロリダなど11州あると言われ、成人に占めるマイノリティ人口は他州よりも大きく、マイノリティの票が勝敗に大きく影響する。[18]

現時点では、どちらが大統領になるかは定かではない。ただし、明確であることは、いずれが勝っても、米国の外交、安全保障政策は内向きにならざるを得ないということだ。この点について、第3章で、地政学的な視点から分析する。

小括：両者とも日本に厳しい？

両者の内政政策は、大きな違いがあるものが多い。ところが、1つ共通項がある。それは、弱者の味方ということだ。

図表2-6　クリントンとトランプの略歴と政策比較

	ヒラリー・クリントン	ドナルド・トランプ
党	民主党	共和党
年齢	68歳	70歳
略歴	弁護士、ファーストレディ、元上院議員、前国務長官	不動産会社経営
経済政策	インフラ・環境・医療などへの投資、国内製造業優遇	法人税引き下げ（15%）、中所得層向け税制改革
金融政策	FRBの現行政策支持、ウォール・ストリート規制強化	FRBの監査強化、低金利政策継続、ドッド・フランク法廃止
内政	男女賃金ギャップの縮小、最低賃金引き上げ、オバマケア拡充、銃規制強化	不法移民の強制送還、銃規制強化反対。オバマケア廃止
外交・安全保障	オバマのイラン核合意支持、IS打倒、中国・ロシアには強硬姿勢	メキシコとの国境壁建設、イスラム教徒の入国禁止
TPP	反対	反対、その他の貿易協定も見直し
日本	日米同盟重視	円安誘導批判、日米同盟の見直し、核保有容認
中国	南シナ海の動きを警戒	通貨操縦者と非難、人民元・貿易自由化を求めて交渉の方針

（注）年齢は、2016年6月末現在
（出所）各種報道資料より作成

元々、労働組合を主たる支持層とする民主党であるため、国内労働者保護の政策を打ち出すことが少なくない。その民主党の中でも弱者救済、格差縮小を全面的に掲げるバーニー・サンダース上院議員が、最後まで、クリントンと民主党大統領候補指名争いを激しく戦った。

結果的に敗れたとはいえ、バーニー・サンダースの健闘を、事前には誰も想像できなかったのではないか。これに対抗するため、中道派のクリントンまでが、左寄りの弱者救済政策を打ち出すこととなった。

たとえば、TPPに対して強く

反対するサンダースの影響を受けてか、ヒラリーも、以前は賛成していたTPPに対して、現在では反対を表明している。これは、国内産業保護が目的だ。

ヒラリーの夫のビル・クリントン政権時代には、日米貿易摩擦が悪化し、1995年には、円相場は当時史上最高値だった1ドル79・75円まで上昇した。同様に、円高圧力がかかる可能性が否定できない。

共和党は、元々、大企業や富裕層を支持基盤とするため、大きな政府につながりかねない弱者救済政策を嫌う傾向がある。しかし、高卒の白人において強い支持基盤を持つトランプは、違う形で国内産業保護の政策を打ち出すことが考えられる。

トランプは、日本が米国の牛肉に高い関税をかけていることを批判し、あるいは駐留米軍の経費を日本が負担するよう求めている。その意味では、過去の民主党政権同様、米国内の労働者の立場に立って、日本に対して、厳しい圧力をかけてくることが考えられる。

仮に、1ドル90円台の円高になり、財務省・日銀が円売りドル買い介入を実施したとしよう。その場合、トランプは、日本の姿勢を厳しく批判するのではないか。

つまり、どちらが勝とうとも、国内産業保護ということでは共通しているので、日本に対して厳しい姿勢を示すことが考えられる。その意味でも、新大統領と関係構築という点で、安倍晋三首相の外交手腕が大いに問われることになろう。

[注]

1 選挙制度については、米国大使館レファレンス資料室／アメリカンセンター・レファレンス資料室「早わかり『米国の選挙』」（２０１２年９月第２版）、三輪和宏、佐藤令「アメリカ大統領選挙の手続」（『調査と情報』第４５６号、２００４年10月25日）参照。
2 米国の政治体制については、米国大使館レファレンス資料室「米国の統治の仕組み」（２０１２年３月第２版）参照。
3 田久保忠衛『新しい日米同盟――親米ナショナリズムへの戦略』（ＰＨＰ研究所、２００１年）１８７ページ参照。
4 US Census Bureau, "Hispanic Heritage Month 2015", September 14, 2015
5 日本貿易振興会海外調査部「米国の移民」（２００３年３月）37-40ページ参照。
6 Jens Manuel Krogstad, "2016 Electorate Will Be the Most Diverse in U.S. History", Pew Research Center, February 3, 2016
7 西山隆行「移民国家アメリカの変容と共和党の動向」（『US Report』vol.8 、２０１６年1月5日）
8 Drew DeSilver, "The Many Ways to Measure Economic Inequality," Pew Research Center, September 22, 2015
9 渡辺将人『現代アメリカ選挙の変貌――アウトリーチ・政党・デモクラシー』（名古屋大学出版会、２０１６年）12ページ参照。
10 梅田久枝「アメリカ民主党再生戦略をめぐって」（『レファレンス』２００５年3月号）
11 藤本一美、末次俊之「ティーパーティ運動（上）――アメリカ政治の新方向?-」（『専修法学論集』１１２号、２０１１年7月）
12 CBS News/New York Times Poll, "The Tea Party Movement: Who They Are April 5-12, 2010," April 14, 2010
13 Alan I. Abramowitz, "Not Their Cup of Tea: The Republican Establishment Versus the Tea Party," Sabato's Crystal Ball, November 14, 2013
14 Willem Buiter, "Global Economic Outlook and Strategy," Citi Research, March 23, 2016, p.13
15 Dana M Peterson, "US Economics Weekly: Election Edition: Clinton and Trump Chose Winners & Losers in Trade and Debt Debates - Growth and Fiscal Policy Implications," Citi Research, May 16, 2016, pp.3-4
16 Dana M Peterson, "US Economics Weekly: Elections Edition: What Might Clinton or Trump Mean for the Fed?" Citi Research, April 8, 2016
17 Robert P. Jones and Daniel Cox, "Beyond Guns and God :Understanding the Complexities of the White Working Class in America," Public Religion Research Institute, September 2012
18 Ronald Brownstein, "The Most Valuable Voters of 2016," The Atlantic, February 18, 2015

第3章

米国はもはや世界の警察官ではない

1

孤立主義に向かう米国の安全保障戦略

孤立主義と国際主義に揺れる米国の政策

歴史的に、米国大統領が交代すると、政策が大きく転換し、その結果、世界情勢に大きな変化を与えることがある。それは、特に、外交や安全保障政策に大きく表れる。

米国は、伝統的に外交戦略として孤立主義を採用してきた。米国は、1776年に独立宣言を行って以降、外交的に、欧州からは距離をとる政策をとった。米国の伝統的孤立主義は、①他の国と同盟を組まない単独主義、そして、②米大陸以外（特に欧州）に介入しない不介入主義、から構成される。[1]

一方で、国際主義とは、米国が積極的に世界の安全保障や経済システムの構築に関与することが国益にかなうとするものだ。第一次世界大戦後に、国際連盟に加盟しなかった米国が、第二次世界大戦後には国際連合設立を主導したのは、孤立主義から国際主義に転換したことを示す。欧州や日本などと軍事同盟を締結し、世界の警察官となった。

歴史的に、米国の外交政策は孤立主義の傾向は強いものの、孤立主義と国際主義の間で揺れ動いてきた。大きな流れとしては、建国から第二次世界大戦開戦までは孤立主義、第二次大戦後イラク撤退までは国際主義、そして、その後、孤立主義に回帰しつつある。

ただし、その中でも、10年単位で孤立主義と国際主義の間で振れている。たとえば、孤立主義の時代であった19世紀末には、フィリピンを植民地化し、ハワイを併合した。また、国際主義の時代であった1960年代には、ベトナム反戦運動が盛り上がり、米国はベトナムから撤退した。

米国の外交政策の思想

米国の外交政策について、多くの分類が存在するが、米政治学者ウォルター・ラッセル・ミードの分析によれば、米国の外交思想には、次のような4つの伝統的類型があるとする。[2]

ハミルトン以外は、下記の外交スタイルをとった大統領の名前にちなんでいる。

孤立主義の哲学を持つものとしては、ジェファソン主義（同盟国の介入や戦争の危険を回避し、現実的でコスト最小限の外交を目指す）とジャクソン主義（国際秩序には無関心で、米国民の安全と経済的繁栄を重視する）がある。要は、米国だけで繁栄できるのだから、外国との関係は必要最小限にすべきというものだ。

一方で、国際主義の哲学を持つものとしては、ハミルトン主義（経済的利益の追求のために、米国にとって有利な条件で、グローバル経済システムに統合されることが必要）とウィルソン主義

（自由、人権、法治主義等といった米国流の価値観を世界に広めることは、米国の道徳的義務であると同時に、国益にかなう。これにより、平和的な国際システム構築を目指す）がある。

言い換えると、国際主義には、2つの考え方がある。1つは経済を重視し、米国企業が世界的に発展するためにも、米国主導で世界経済システムをつくることが望ましいというものだ。これは、戦後の国際通貨基金（IMF）や世界貿易機構（WTO）として、具現化した。1ドル360円の固定相場を維持した金ドル本位制も、この産物だ。

もう1つは、米国の政治思想である自由、人権、法治主義を重視することが、世界平和をもたらすという考えだ。米国は、世界で初めての成文法の憲法をつくった国でもある。歴史的に、フランスのナポレオン、英仏の帝国主義、ドイツのヒトラー、日本の軍国主義、ソ連や中国の共産主義、リビアのカダフィ、イラクのフセインなど、独裁体制は世界の安全保障の脅威となる。この思想をベースに、米国によるリビアやイラクへの侵攻が正当化された。

これらの代表的な外交思想の中で、米国の中長期的な外交戦略は変化している。それも、時として、極端に変化することがある。歴史的に見ても、ブッシュ政権からオバマ政権への交代は、米国の外交戦略を大きく変えている。以下、歴史を振り返りながら、米国の外交戦略の本質を解き明かしていきたい。

米国のＤＮＡは孤立主義

現在、米国の外交、安全保障戦略は、大きな流れとして孤立主義に向かっており、同時に、10年単位でも、一段と孤立主義に舵を切りつつある。以下、米国の孤立主義の伝統と今後の世界と米国との関係について分析を進める。

米国は、周期的に、孤立主義的な「内向き」になる場合と、国際主義的な行動に出て、「外向き」になる場合がある。[3] ただし、その生い立ちから、ＤＮＡは孤立主義と言える。米国が長く孤立主義をとった理由としては、以下が挙げられる。

1．米国独立の経緯

米国は自らが英国の植民地であった歴史があり、欧州列強の支配を嫌って、独立した。そのため、欧州からの干渉を回避するようになった。欧州に介入しない代わりに、欧州が介入しないことを求めた。

2．米国の地理的な条件

米国が地理的に欧州やアジアから離れており、独立・建国後は、第二次世界大戦まで国土が他国に攻撃されたことはなかった。このため、自国防衛のために軍事同盟を結ぶ必要がなかった。

3．豊富な資源と巨大な経済力

米国が、巨大な国土、人口、食糧生産力、資源、そして経済力を持っていたので、他地域に干渉する必要性が小さかった。その後、資源が豊富な中南米において強い影響力を行使した。

孤立主義を具現化したモンロー主義

米国の孤立主義の伝統は、建国に遡る。1620年に、英国国教会の弾圧を受けた清教徒は、メイフラワー号で新天地アメリカにたどり着いた。その後、欧州の階級社会を嫌い、多くの人々が自由とアメリカンドリームを求めて移住してきた。

1773年のボストン茶会事件は、英国の植民地に対する課税に対して反発して起きた。これが、1776年の独立宣言につながった。つまり、欧州からの支配から逃れるために、米国が生まれた。

初代大統領のジョージ・ワシントンは、通商を除き、政治的同盟はなるべく回避すると演説した。[4] 米国は1800年に、フランスとの同盟条約を解消して以降、外交行動の自由確保を重視し、外国と軍事同盟を結ばないとの基本政策をとった。

第3代大統領のトーマス・ジェファソンは、1801年の就任演説で、「あらゆる国々との平和、通商、誠実な友好」を求めつつ、「いかなる国とも錯綜する同盟を結ばない」ことを約束した。これが、孤立主義の原型となった。

1823年に、その理念は、モンロー宣言となって具現化した。モンロー宣言とは、第5代大統領ジェームズ・モンローが、米国が欧州に干渉しない代わりに、米大陸は米国の影響下におき、欧州の介入を避けることを求めたものだ。

モンロー・ドクトリンは、1823年に、下院の年次報告で発表された。これは、ロシア、欧州列強による中南米進出を警戒しての政策であった。これは、以下、3原則から成る。

1. 米国は、欧州主要国間の紛争に一切関わらない（非干渉原則）。
2. 欧州主要国が中南米諸国に干渉するのを拒否する（不干渉原則）。
3. 中南米諸国の独立を認め、植民地は認めない（非植民地原則）。

1と2は、孤立主義とも言われ、欧州による中南米支配を拒否するものであった。

ただし、その後、米国は遅れて帝国膨張主義に参加することになる。当初は13州が独立して構成された米国だが、その後、フランス、ロシア、メキシコなどからも領土を取得して、国土を拡大していった。そして、19世紀末から20世紀初にかけて、米国は、中南米、アジア地域に進出を始めた。ハワイ併合、プエルトリコ、グアム、フィリピン、キューバからグアンタナモ湾海軍基地永久租借、パナマ運河建設は、いずれもこの時期に起こったものだ。

セオドア・ルーズベルト大統領（在位1901年〜1909年）は、モンロー・ドクトリンを拡大解釈し、外国に進出した。その外交姿勢は、こん棒外交とも評される。

ただし、この時期も、欧州が支配するアフリカ、アジア地域には本格的な進出をしておらず、また、軍事関係を含む同盟関係を主要国とは結んでいない。つまり、この時期の基本戦略は孤立主義であると言える。

真珠湾攻撃が生んだ米国の国際主義

米国は、欧州の戦乱に巻き込まれない戦略を基本としてきた。19世紀に、欧州では、ナポレオン戦争、普仏戦争など大規模な戦争があったが、米国は中立を保った。この時期に、石油や鉄鉱石などの豊富な資源を背景に、米国は経済力を発展させた。

その米国が、欧州の大戦に初めて参戦したのが、第一次世界大戦であった。当初、米国は中立を保ったが、米国の多くの貨物船がドイツのUボートに撃沈されたことを契機に、三国協商側に立って参戦した。1918年に、米国を含む三国協商側の勝利で大戦は終わった。

戦後、ウィルソン大統領は、世界平和の実現のために国際連盟の設立を提唱した。主要国すべてが賛同し、国際連盟は設立された。ところが、米国議会はこれを認めず、提唱者である米国は国際連盟に加盟しなかった。これは、孤立主義が米国で深く根付いていたことを示す。

しかし、第二次世界大戦を契機に、米国は、国際主義に大きく転換した。日本による真珠湾攻撃にあるように、海軍と航空兵力の技術が発達したため、世界戦争の中で、米国だけ孤立することが国益にかなわなくなったのだ。

孤立主義を背景に国際連盟に加盟しなかった米国だが、第二次大戦後、国際連合設立を主導し、その本部を米国の中心都市であるニューヨークに置いた。IMF、GATT（現WTO）、NATOもすべて、米国の主導でつくられた。それほど、米国の政策は大きく転換したのだった。

冷戦体制では、ソ連が東欧諸国を社会主義圏として統制したのに対し、米国は、ソ連の拡張政策を阻止するため、トルーマン・ドクトリン（封じ込め政策）を推し進めた。西側諸国は、東側諸国に対抗し、1949年には、NATOを発足させた。

米国は、州やアジア太平洋などに米軍基地を配置し、朝鮮戦争、ベトナム戦争、冷戦、湾岸戦争、アフガン戦争、イラク戦争と、「世界の警察官」であり続けた。レーガン政権では、強い米国の再生を唱え、外向き外交に転じた。そして、冷戦を終結させた。

転機となった米国同時多発テロ事件

ジョージ・W・ブッシュ時代（2001年~2009年）には、アフガン戦争、イラク戦争など、対外戦争を大々的に繰り広げた。ところが、2つの戦争が長引いたため、多くの米国の青年が亡くなり、国民の間に厭戦気分が広がった。

2001年の米国同時多発テロ事件以降、米国が世界的に軍事展開する方針は、ブッシュ・ドクトリンとして示された。ニューヨークにある2棟の世界貿易センターが、テロリストにハイジャックされた民間航空機に激突され、倒壊した。それ以降、世論は、自国防衛のために、米国が外国を攻撃することを支持した。

それまで、米国は、他国からの攻撃に対する報復や反撃に重きを置いた戦略を展開していた。しかし、それ以降、他国からの攻撃に対する予防や抑止に重きを置いた戦略を展開している。この思想が、後のイラク戦争へつながる。

2002年の国家安全保障戦略で、テロリスト及び大量破壊兵器を拡散させかねない「ならず者国家」に対し、必要に応じ、自衛権行使のための先制攻撃が正当化されている。さらに、同年の一般教書演説では、北朝鮮、イラン、イラクを「悪の枢軸」と呼び、その後、シリア、リビア、キューバを追加した。同時に、ブッシュ政権は、京都議定書からの離脱、弾道弾迎撃ミサイル（ABM）制限条約からの脱退など、国際協調よりも、国益を重視した単独主義の行動が目立った。[5]
21世紀初頭は、イラク、アフガニスタン介入が長期化し、国民に厭戦気分が蔓延した。米国の死者は、イラク戦争で6000人～8000人、アフガン戦争は、3000人～5000人、負傷者は、イラク戦争で6万人～8万人、アフガン戦争で4・5万人～5・5万人との推計がある。[6]
イラク、アフガニスタン、パキスタンの戦争に係る財政コストは、2001年度から2014年度までの累計で、4・4兆ドルにものぼる。[7] この金額は約440兆円と、日本のGDPに達するほど巨額だ。

再度、孤立主義に回帰する米国

米国は、再度、孤立主義に回帰しつつある。オバマ政権では、一転、「米国は世界の警察官ではない」として、アフガニスタン、イラクから駐留米軍の大半を撤退させ、軍事費を大きく削減した。さらに、オバマは、キューバと国交回復、イランに対する経済制裁解除を成し遂げた。

2010年に、米国とロシアは新戦略兵器削減条約（新START）を締結した（翌年、発効）。世界の核兵器の約9割は、米国とロシアが保有している。オバマは、究極的に核兵器のない世界を目指すとの立場を示し、ノーベル平和賞も受賞した。さらに、2013年に、オバマは、米国の配備済み戦略核兵器のうち、最大3分の1の削減に向け、ロシアと交渉を行うことを表明した。

振り子は大きく振れた

戦後の米国では、孤立主義と国際主義をめぐって、政治的な主張の対立がある。そして、政権交代によって、米国の国家戦略は右から左に大きく変化することがある。米国政治は、イデオロギーによって、以下に分類できる[8]。民主党左派・反戦派が軍事介入に最も強く反対し、一方で、共和党新保守主義（ネオコン）が軍事介入を肯定する傾向がある。

民主党左派・反戦派

若者を中心とした反戦グループである。海外からの米軍撤退を強く主張する。

民主党穏健派

国際主義であり、開発援助、人権外交を支持し、国連を活用したいとの希望を持つ。武力行使を躊躇する傾向があり、ビル・クリントン政権、オバマ政権の外交政策の中枢を担う。

民主党タカ派（リベラル・ホーク）

武力行使容認派で、強硬な政策を求める。かつて、外交政策で、特にソ連に対し、強硬な態度をとる保守派を民主党は抱えていたが、レーガン政権以降、ネオコンとして共和党に鞍替えした。

共和党穏健派

軍事力行使も外交の一部として活用するが、国際主義、多国間的枠組みを重視する。アイゼンハワー、ニクソン（ヘンリー・キッシンジャー国家安全保障問題担当大統領補佐官）、ブッシュ（父）政権が分類される。

共和党保守強硬派

外交政策では、軍事力を重視し、力の外交を推進する。また、政権と軍需産業とのつながりも強い。レーガン政権、ブッシュ（子）政権のチェイニー副大統領、ラムズフェルド国防長官に代表される。

共和党新保守主義（ネオコン）

共和党保守強硬派は、力の外交、道徳性重視の外交を特徴とするが、ネオコンは、さらに、民主化、政権転覆、体制転換の必要性も主張する。イラク戦争を主導したのは、ネオコンである。

他に、共和党孤立主義、リバタリアン（政府の関与を最小限にとどめるべきと考える）、共和党エバンジェリカル（福音派原理主義）などがある。

ブッシュ政権から、オバマ政権への移行は、振り子が大きく振れたことを意味する。つまり、ブッシュ政権時代は共和党保守強硬派とネオコンが政権の中枢にあったが、オバマ政権では民主党穏健派が政権の中枢にある。こうして、オバマ大統領の登場は、米国の安全保障政策を抜本的に転換させた。

2 米国は軍事費を大きく減らす

オバマ大統領は平和外交を展開

2013年に、オバマ大統領は、米国、米国民や同盟国が直接脅かされない限り、単独で軍事力を行使しないとの方針を示した。米国が世界の警察官をやめた理由として、第1に、2008年のリーマン・ショック後、財政赤字が急増し、膨れ上がった軍事費を大き

図表3-1　国防費上位10ヵ国（2015年）

	（百万ドル）	国防費（名目ベース）	構成比	増加率（5年前比）	増加率（10年前比）	対GDP比	1人当たり（ドル）
1	米国	596,024	35.8%	-21.4%	-2.4%	3.3%	1,854
2	中国	214,787	12.9%	48.6%	168.7%	1.9%	156
3	サウジアラビア	87,186	5.2%	63.0%	124.6%	13.7%	2,778
4	ロシア	66,421	4.0%	49.5%	111.8%	5.4%	454
5	英国	55,460	3.3%	-13.7%	-6.6%	2.0%	854
6	インド	51,257	3.1%	5.5%	43.8%	2.3%	40
7	フランス	50,860	3.1%	-7.0%	-5.4%	2.1%	792
8	日本	40,885	2.5%	-0.4%	-1.7%	1.0%	323
9	ドイツ	39,393	2.4%	-4.8%	0.5%	1.2%	482
10	韓国	36,435	2.2%	14.6%	41.6%	2.6%	720
	世界	1,662,920	100.0%	-0.8%	21.9%		

（注）増加率は実質ベース（2014年価格）
（出所）SIPRI

く縮小する必要があった。国防費対GDP比は、冷戦終結以降、概ね3％～4％台で推移しているが、それを下回る水準になった。

現在でも、米国の国防費は約60兆円と世界最大だ（2015年）。2位の中国の3倍近い。ただし、その優位性は急速に崩れている。

軍事費を減らさざるを得なかったオバマは、徹底した和平路線を実行した。オバマは、内政面での評価はあまり芳しくないが、外交、安全保障では、アフガン戦争とイラク戦争の停止、核削減、キューバ国交回復、イラン制裁解除と目覚ましい成果を上げている。

オバマ大統領の任期は、2017年1月までと残り少ない。議会では、上院、下院ともに、野党共和党が多数を握っているため、内政では法案を通す必要のあるような大きな政策を実施することが難しい。

そこで、オバマは大統領権限で有効な政策を実施できる外交に注力している。

米国の大統領は、外交関係に関し、国を代表して処理する権限があり、国交正常化は、大統領権限で可能である。たとえば、2015年にオバマは、キューバとの国交を正常化し、首都ハバナに米国大使館を再開した。ただし、全面的な対キューバ経済制裁解除には、ヘルムズ・バートン法（キューバの自由・民主的連帯法）に基づき、議会承認が必要となる。

これまで、イラン核開発の懸念から、米国は、イランとの取引を禁止する制裁を実施している。2015年に、米国を含む安保常任理事国とドイツ（P5＋1）及びEUは、イランとの交渉により、核技術に関する包括的共同行動計画（JCPOA）に合意した。そして、2016年に、米国は、イランへの経済制裁を解除した。

このように、オバマ大統領は、限られた権限の範囲で、着々と成果を挙げてきた。戦争がなくなり、そして、核兵器削減が実現すれば、必然的に、米国が世界の警察官である必要は薄れる。

シェール革命で中東の重要性が薄れる

米国が世界の警察官をやめた理由として、第2に、シェール革命によって、米国が世界最大の産油国になり、米国の中東依存度が低下したことがある。

米国は、戦後、中東戦争、イラン革命、湾岸戦争、アフガン戦争、イラク戦争、アラブ

図表3-2　米国、サウジアラビア、ロシアのオイル生産量の推移

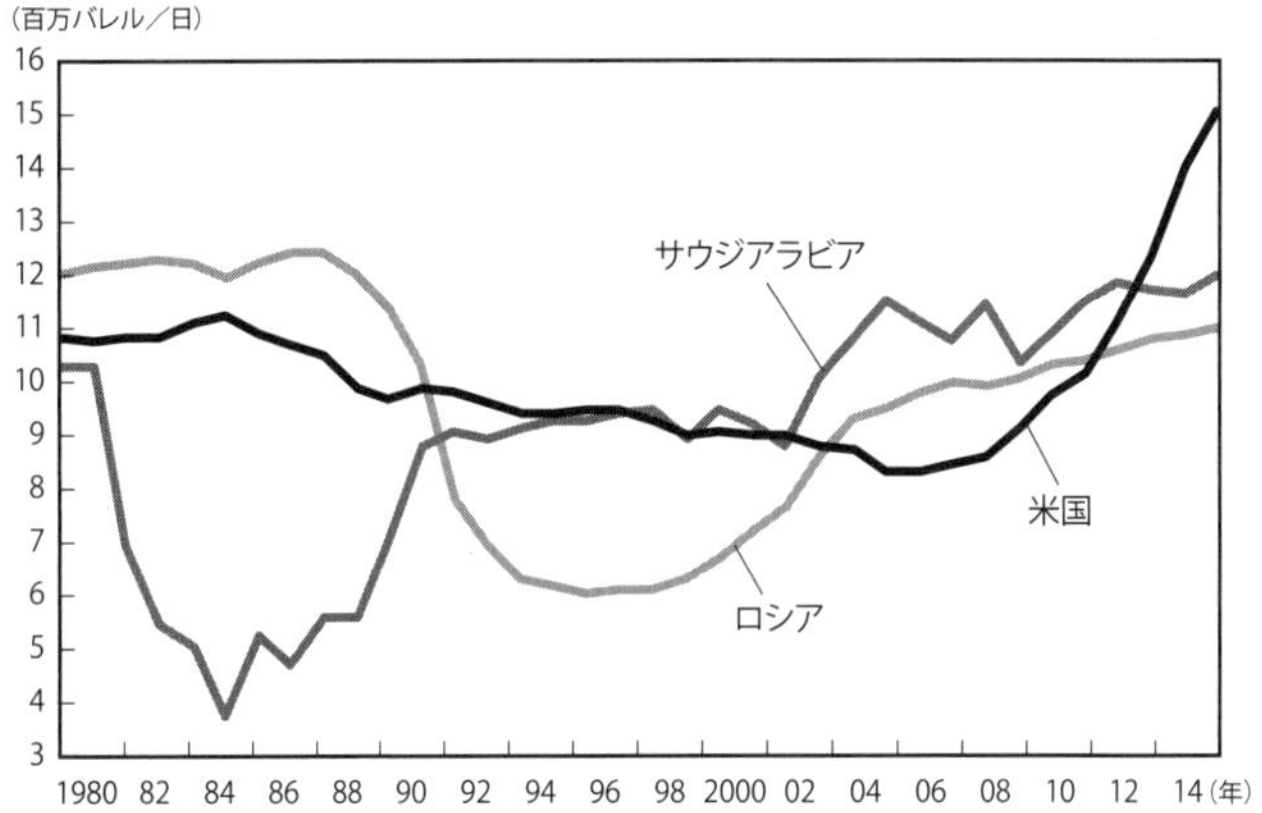

(注) 2015年は1-10月を平均
(出所) EIA

の春と、直接、間接的に、中東に頻繁に、かつ深く関与してきた。その間、多額の費用と多くの人命が失われた。

なぜ、米国は遠く離れた中東に深く関与してきたのか。1つは、米国に多くの同胞を抱えるイスラエルの存在がある。しかし、より大きな理由は、中東が世界最大の原油の産地だからだ。

2010年代に入って、シェール革命による米大陸エネルギー自給が実現した。米国のエネルギー生産は急増し、今や、米国は世界最大の産油国だ。このため、米国が、エネルギー資源を求めて、中東に関与する必要性が低下している。

米国で、2004年頃から、シェールガス革命が始まった。さすが、革命と言われるだけのことはあって、2005年以降、米国の天然ガス生産は劇的に増加している。2008年頃以降、シェールオイル革命が本格始動した。シェールガスが採掘可能な頁岩《けつがん》層からはオイルも生産できる。価格の高いジェット燃料やガソリンが豊富に抽出できる軽質油が大量に生産される。

こうして、米国のオイル生産は急拡大し、サウジアラビア、ロシアを抜いて、世界1位になった。シェール革命の影響で、2006年をピークに、米国のオイル純輸入量がほぼ半減した。2020年までには、輸出が輸入を上回り、純輸出国に転じるであろう。

これまで、米国は世界最大のオイル輸入国であったため、米国にとって、原油が豊富に産出される中東の重要性が高かった。これが、米国が中東戦争、湾岸戦争などの戦争を繰り返してきた理由だ。大規模な戦争の度に、石油価格が高騰し、米国を含む世界経済にとって大きな脅威となった。

しかし、米国にとって、中東の重要性が薄れれば、必然的に、自国の青年の命を懸けてまで、中東に介入する必要はない。中東で紛争が起こって、原油価格が高騰すれば、世界最大の産油国である米国の利益は大きい。こうして、シェール革命は米国を孤立主義に回帰させた要因の1つとなった。

欧米同盟が弱体化した

米国が世界の警察官をやめた理由として、第3に、米国にとって、欧州と軍事同盟を維持する必要性が低下したことが挙げられる。冷戦の終結により、ロシア（ソ連）の脅威が後退したため、欧州と強い同盟関係を維持する必要がなくなった。

戦前、ドイツは、世界初の軍事用液体燃料ミサイルであるV２ロケット開発に成功し、ロンドンなどの攻撃に使った。これは、世界初の宇宙を飛ぶロケット弾だ。戦後、ソ連は、ドイツのロケット技術者を連行して、大陸間弾道ミサイルと核兵器を開発した。そして、米国を攻撃し得る大陸間弾道ミサイルの開発に成功した。

かつては、地理的に欧州から遠い米国は欧州との戦争に巻き込まれることはなかった。これが、米国が孤立主義をとることができた理由となった。しかし、ミサイルが宇宙を飛ぶ時代には、もはや、米国は孤立主義をとることはできず、その安全保障政策を国際主義に転換した。

初代大統領ワシントン以来の非同盟戦略を大転換し、戦後、米国と欧州はNATOによって、強力な軍事同盟をつくり上げた。さらに、アジア・太平洋地域において日本、韓国、オーストラリア、中東においてサウジアラビア、クウェート、イスラエル、トルコなどと軍事同盟を結んだ。

しかし、１９９０年のベルリンの壁崩壊、１９９１年のソ連崩壊によって、冷戦が終わった。１９９３年に、EUが誕生し、２００４年からは東欧諸国の多くが加盟した。ここに東西対立は終わり、米国が欧州と軍事同盟を結ぶ必要が薄れた。EUの人口、GDPともに、米国より大きいこともあって、欧州にとっても、米国依存が低下している。

もはや米欧共通の敵はいない

英仏を中心とする欧州諸国は、米国の主導する湾岸戦争、アフガン戦争、イラク戦争に参加したが、多くの犠牲者を出す結果となった。特に、米英同盟重視を貫いた英国ブレア政権は、国内世論の厳しい批判を浴びた。

英米関係の緊密度が薄れる中、英国は、中国が主導して設立したアジアインフラ投資銀行（AIIB）に参加した。AIIBには、多国間の開発金融機関として、57ヵ国が参加しており、フランスやドイツなどEU諸国が含まれる。ただし、日本と米国は参加していない。英国は、西欧諸国の中で最初に参加の意思を表明した。そして、英国は中国から原子炉を購入するなど、独自の道を行く。

欧州の抱える深刻な問題として、ギリシャ危機、シリア難民、ウクライナ内戦、パリやベルギーのテロ事件などがあったものの、いずれも米国の支援や関与は限定的だった。これらは、ソ連の大陸間弾道弾と違って、米国の安全保障を直接的に脅かすわけではないからだ。

ソ連という共通の脅威があった時代は、欧米の軍事同盟は盤石だった。しかし、ロシアが必ずしも米国の軍事的脅威でなくなった今、米国にとって欧州の重要性は大きく低下した。もはや、高いコストをかけてまで、大陸欧州に軍隊を展開する必要がなくなったのだ。

米国の軍事力のハイテク化

上述の3つの理由から、米国が世界の警察官である時代は終わった。ただし、米国は、世界の無法者を野放しにしているのではなく、軍事力の本格展開を抜きに、世界の治安を維持する手段を考えてきた。

第1の手段が、軍事力のハイテク化だ。米国は、国防にとって革新的な技術となり得る研究開発に積極的に資金を投じている。最近では、「ハイテク戦争」と言われるのは、この影響が大きい。

米国の戦争において、国外の敵は、イラクであったり、ベトナムであったりする。ところが、国内の敵もたいへん手ごわい。国内の敵とは反戦運動だ。ベトナム戦争では、米国内で厭戦ムードが蔓延し、反戦運動が大いに盛り上がった。その世論に押されて、米国はベトナムにおける戦闘で大きな敗北を喫しなかったにもかかわらず、ベトナムからの撤退を余儀なくされた。

イラク戦争、アフガン戦争においても、多くの犠牲者が出て、反戦運動が盛り上がった。自分の夫、恋人、息子が戦場に向かうのは、誰でも抵抗がある。働き盛りの若者が戦死するだけでなく、精神的な後遺症を負うことが多く、社会的なコストが大きい。

これに対応するためには、兵士を戦場に送らないという方法が有効だ。そのためにも、軍事力のハイテク化が必要になる。その最も代表的な兵器が、無人攻撃機（ドローン）だ。

国防省内の機関として、国防高等研究計画局（ＤＡＲＰＡ）がその役割を担っており、国防にとって重要な研究開発を支援している。ステルス技術、暗視技術、防空ミサイルの精密誘導技術、無人航空機といった軍事技術が開発された。現在、ステルス戦闘機、無人航空機の開発により、遠隔操作の戦争が可能となっている。

最近では、ＳＦ（サイエンスフィクション）映画「ターミネーター」のような兵器や兵士が研究されている。たとえば、兵士の脳にコンピューター・チップを埋め込むサイボーグ兵士の開発も進められている。他にも、インターネットの原型（ＡＲＰＡＮＥＴ）、ＧＰＳシステム、ロボット掃除機ルンバ、音声アシスタントアプリのＳｉｒｉが成功例として挙げられる。

米国の強みは、軍事技術を民間技術に転用することだ。たとえば、今では、ほとんどの自動車に装備されているカーナビも、元々は、軍事技術だ。米国は、兵士が自分の位置を戦場で正確に知るために、ナビゲーションシステムを取り入れた。これは、多くの人工衛星を打ち上げて、地球上のどこでも位置情報を得ることができる。最近では、ドローンの民生用の活用が注目されている。

金融制裁を有効に使う

第2の手段が、金融だ。これは、最近では、ロシア制裁などに使われている。ISやアルカイダに代表されるように、敵は必ずしも国家ではない。敵はテロで対抗してくるため、軍事力で圧倒できない。そのために、彼らの資金源を断つことが有効になる。いわば、兵糧攻めにあたる。

米国は、21世紀に入って、国家戦略として金融を活用するようになった。米国同時多発テロ以降、アフガン戦争、イラク戦争、北朝鮮やイランの核開発など、米国の安全保障を揺るがす事件が多く発生している。これらに対抗するために、米国はテロリストや敵対する国に対して金融制裁実施などを実施している。

2005年には、イラン、北朝鮮の核開発疑惑に対抗して、米国は本格的な経済制裁を発動した。特に効果が大きかったのが、北朝鮮に対する経済制裁である。米国は、北朝鮮が実質的に保有するバンコ・デルタ・アジア（BDA、マカオ）に対して制裁を実施した。[9]BDAが通貨の偽造や麻薬取引についての資金洗浄に関与しており、その上、北朝鮮にとっての財布代わりだったという。

そこで、すべての米国銀行に対してBDAと取引することを禁止した。マカオの金融当局は、北朝鮮の口座を封鎖したため、北朝鮮は対外取引に支障をきたすなど、政策効果は大きかった[10]。

米国は「世界の警察官」の役割を縮小する一方で、軍事行動の代替策として、2014年のロシア制裁に見られるように、金融制裁を活発に用いている。つまり、核兵器削減を進める一方で、金融制裁を新たに有力な武器にしているのである。

米国の制裁金は高額

米国政府は、グローバルに展開する米国金融機関と米国内に営業基盤を持つ外国金融機関を監督する権限を持つ。つまり、外国金融機関に対し、米国内での事業を停止させることが可能である。米国金融機関に対して、外国金融機関との取引を全面的に禁止する命令を下すこともできる。つまり、米国の規制に服さなければ、米国市場から退出させられるのである。

その重要な事例として、BNPパリバ事件（以下、パリバ）を紹介する。2014年に、米国司法省がフランスの銀行パリバに対して約1兆円の制裁金を科す見込みであるという報道があった。

米国の経済制裁の対象国は、イラン、イラク、北朝鮮、スーダン、シリア、ソマリア、リビアなどである。制裁の対象となる行為としては、麻薬、核不拡散、大量破壊兵器、テロリズム行為がある。制裁金は、パリバが、スーダン、イラン、キューバと経済制裁国関連の個人と組織のために、違法な米ドル決済を行ったことに対するものである。

これに対して、フランスのオランド大統領が米国のオバマ大統領に対して、抗議の上、制裁金の軽減を求めた。オランドは、この制裁額を「過剰で、不公正」と批判した。確かに、米国以外の国からすると、1兆円以上の制裁金は非常に高額である。

ただし、米国では、この金額は特別に高い金額ではない。厳罰主義を採用する米国の制裁金は、日本や欧州よりもはるかに高い。ちなみに、過去、米国の金融機関に対する制裁金で最も大きかったのは、バンク・オブ・アメリカに対する約2兆円である。他にも、1兆円前後の制裁金の例は数多い。

もちろん、パリバは、罰金を支払わないという選択肢がある。しかし、その場合、米国政府から金融業に関わる免許をはく奪され、米国ではビジネスができなくなる。また、米国政府が米国金融機関にパリバとの取引を禁止することもあり得る。それでは、パリバはビジネスが成り立たない。

最終的に、パリバは、米国のマネー・ロンダリングなどの法律に違反したとして、刑事訴追を受け、司法取引に応じることになった。最終的に、1兆円弱の制裁金を支払うことになった。

3

不安定化する中東と撤退する米国

中東の民族と宗教の多様性

シェール革命により、米国にとって、中東の重要性が薄れた。その結果、米国は中東から撤退しつつある。ところが、IS、シリア内戦、イエメン内戦、サウジアラビアとイランの対立など、中東は不安定なままだ。そこで、第3節では、米国撤退後の中東情勢を分析する。

中東は、古代から多くの戦いや紛争があった。その理由は、以下の通りだ。

1. 中東が文明の発祥地（チグリス・ユーフラテス、エジプト）であり、その後も、東西を結ぶ交通の要衝として栄えた。中東は、古代から、陸路も、海路も発達していた。
2. 異なる民族や宗教が複雑に交わっている。中東は、キリスト教、イスラム教、ユダヤ教の発祥の地でもある。
3. 20世紀に、原油の開発が始まり、中東が世界最大の油田地帯となった。

アラブ人は、中東、地中海岸の広範囲にわたって居住しており、多様性を特徴とする。[11] 風俗習慣は国により異なるが、言語は大きく異ならない。これは、アラブ人の多くがイスラム教を信仰し、その結果、聖典であるクルアーン（コーラン）を通じて、共通の言語が普及したからだった。このため、国が違っても、言語は大きく違わずに会話できる。

イスラム教は、唯一絶対神アッラーへの帰依を説き、その預言者（神の言葉を聞いた人）ムハンマドの言葉を集めたクルアーンの教えに従う。クルアーンは「声を出して読むもの」という意味であり、イスラム教の普及は、イスラム共同体（ウンマ）を拡大することとなった。

イスラム教徒は、ムスリムと呼ばれ、同胞意識を強く持つ。正統カリフ（後継者）の時代に拡大していったウンマを通じて、共同体思想が形成された。イスラム社会には、キリスト教のような聖職者は存在せず、ムスリムが平等に参加する水平で単一の組織として構成されている。[12] このため団結力が強い。

イランは、アラブ人中心の他の中東諸国と異なり、インド・ヨーロッパ語族に属する。アラブ人とは、身体的特徴が異なり、鼻が高い、彫りが深い、瞳が大きいなど欧州人同様の傾向が見られる。しかも、イランの宗教はイスラム教シーア派が圧倒的な多数を占め、スンニ派が多数派である他の中東諸国とは異なる。

つまり、中東最大の人口を持つイランは、インド・ヨーロッパ語族でありかつシーア派だが、他の中東諸国はアラブ人で、かつスンニ派が主流だ。2015年に入って、サウジアラビアとイランが断交したが、これも宗教対立が背景にある。

トルコ人はアジア系の遊牧民族であり、その言語体系は日本語と同じだ。イスラエルに多いユダヤ人は、民族的な概念ではなく、ユダヤ教を信じる人を指す。人種的には、欧州系が多い。国家を持たない最大の民族であるクルド人は、イラク、シリア、トルコ、イランにまたがって住んでいる。インド・ヨーロッパ語派に属し、クルド語はペルシャ語に近い。

このように、非常に区別はつきづらいのだが、中東の民族、宗教は複雑だ。

中東のパワーバランスが大きく変わりつつある

戦後、米国は、世界最大の産油国であったサウジアラビアと密接な軍事同盟を維持し、この同盟関係を軸に、中東に深く関与してきた。石油市場の安定には、サウジアラビアの協力が不可欠である。

サウジアラビアと米国の国交は1933年に樹立された。その前年に、米国企業（ソーカル）に対し、サウジアラビアは、石油利権を初めて付与した[13]。米国は国王独裁を認める一方で、サウジアラビアは米国に対して軍事基地を提供し、また、石油価格の安定に協力してきた。

図表3-3　オイルと天然ガスの確認埋蔵量上位10ヵ国（2015年末）

	オイル	10億バレル	構成比	天然ガス	兆立方メートル	構成比
1	ベネズエラ	301	17.7%	**イラン**	**34.0**	**18.2%**
2	**サウジアラビア**	**267**	**15.7%**	ロシア	32.3	17.3%
3	カナダ	172	10.1%	**カタール**	**24.5**	**13.1%**
4	**イラン**	**158**	**9.3%**	トルクメニスタン	17.5	9.4%
5	**イラク**	**143**	**8.4%**	米国	10.4	5.6%
6	ロシア	102	6.0%	**サウジアラビア**	**8.3**	**4.5%**
7	**クウェート**	**102**	**6.0%**	**UAE**	**6.1**	**3.3%**
8	**UAE**	**98**	**5.8%**	ベネズエラ	5.6	3.0%
9	米国	55	3.2%	ナイジェリア	5.1	2.7%
10	リビア	48	2.8%	アルジェリア	4.5	2.4%

（注）太字は中東
（出所）BP

加えて、イスラム教の聖地メッカ、メディナを擁するサウジアラビアと良好な関係を築くことが、米国と親密な関係にあるイスラエルの安全保障上重要である。[14] ユダヤの人口の多い米国にとって、イスラエルは重要な国である。アラブの盟主サウジアラビアが、イスラエルを敵視しないことは重要である。

イランの確認埋蔵量はオイルが世界4位、天然ガスが世界1位と、世界最大級の資源大国だ。2011年〜2012年に、欧米がイラン原油の輸入を禁止した結果、イランの産油量は減った。しかし、イランの核開発に関して合意がまとまったため、欧米の制裁が解除された。イラン革命前の1974年には産油量（日産）が606万バレルだったことから、供給余力はかなり大きい（2015年は392万バレル）。

中東の湾岸諸国の生産コストは同5ドル以下と低い場合が多い。サウジアラビアは、財政赤字が大きいため、原油価格急落にもかかわらず、産油量は高水準の生産を続けざるを得ない。

復興が進むイラクの産油量は、2004年の202万バレルから2015年には400万バレルと急増している。IEA（国際エネルギー機関）によると、2030年には800万バレルとさらに倍増する見通しである。オイルの確認埋蔵量が世界5位であるため、ISの掃討が進めば、生産は順調に増加しよう。

その結果、サウジアラビアの原油価格支配権は失われた。そして、かつて、世界の石油価格を支配した石油輸出国機構（OPEC）の力は弱まった。

このため、財政が苦しい産油国が増産に走ることが考えられる。特に、戦災や制裁からの回復を目指すイランとイラクは、増産の可能性が高い。この地域の石油大国であるサウジ、イラン、イラクが協調できるとは考えにくい。中東の潜在的な供給力が大きいことから、当面、原油価格が急回復するとは考えにくい。

結論として、今や、中東のパワーバランスが大きく崩れようとしている。人口8000万人弱を抱える中東随一の大国であるイランに対する制裁が解除されたため、今後、イランは経済力を急激に蓄えることが予想される。ちなみに、サウジアラビアとイラクの人口は3000万人前後にとどまる。

苦悩するアラブの盟主サウジアラビア

中東の不安定さを表しているのが、サウジアラビアの不安定化だ。サウジアラビアは、アラブの盟主の地位にある理由として、①イスラム教の発祥の地（イスラム教の聖地であるメッカ、メディナを有する）、②世界最大級の産油国としてOPECのリーダーの地位、③国王中心の政治体制の安定、が挙げられる。

サウジアラビアとは、国王であるサウード家のアラビアという意味である。政治体制は、君主制であり、国王が首相を兼務する。2015年に国王が交代し、サルマン・ビン・アブドルアジーズ・アール・サウード国王（第7代）が即位した。サルマン国王の息子は副皇太子に任命されている。憲法は、コーラン、スンナ（預言者ムハンマド言行録）であり、イスラム法による統治体制である。

サウジアラビアはスンニ派が主流であるだけに、シーア派国家とは対立している。サウジアラビア東部にもシーア派が存在し、これがしばしば内紛を起こすのだ。

2016年に、サウジアラビアは、シーア派の聖職者ニムル師など47名を処刑した。ニムル師は、アラブの春に際し、国内での暴動を扇動したとして、2012年に逮捕され、2014年に死刑判決を受けた。そのため、テヘランのサウジアラビア大使館で抗議活動が起こり、サウジアラビアはイランと国交を断絶した。

イエメンでは、2012年に、スンニ派であるハーディ政権が成立したが、2014年にシーア派の武装組織フーシが首都サヌアを占拠し、支配地域を拡大している。2015年に、サウジアラビアはイエメンに対する軍事行動を開始した。これが国防費の負担を増やしている。

悪化するサウジアラビア経済

サウジアラビアは、2016年の経済成長率がマイナスに転落する見込みである。[15] 原油価格の下落を受けて、財政収支も経常収支も、大きな赤字になる見通しだ。

石油に依存した経済であり、オイルが国庫収入と輸出のほとんどを占める。個人に対する所得税や消費税はない。教育、医療など社会保障サービスもほとんどが無償であり、住宅補助制度も充実している

永らく、圧倒的に巨大な石油輸出国として世界に君臨した。しかし、2013年に生産量で米国に抜かれて以降、サウジと米国の生産量の差は広がるばかりである。

現在では、スイング・プロデューサー（供給の調整役）の地位から降りた。もし、サウジアラビアが減産すれば原油価格は一時的に回復しようが、価格が回復すれば、北米の原油生産は増えるだろう。その結果、価格が下落すれば、サウジアラビアは、生産を減らす分、石油収入が減ることになる。

図表3-4　イランとイラクのオイル生産量の推移

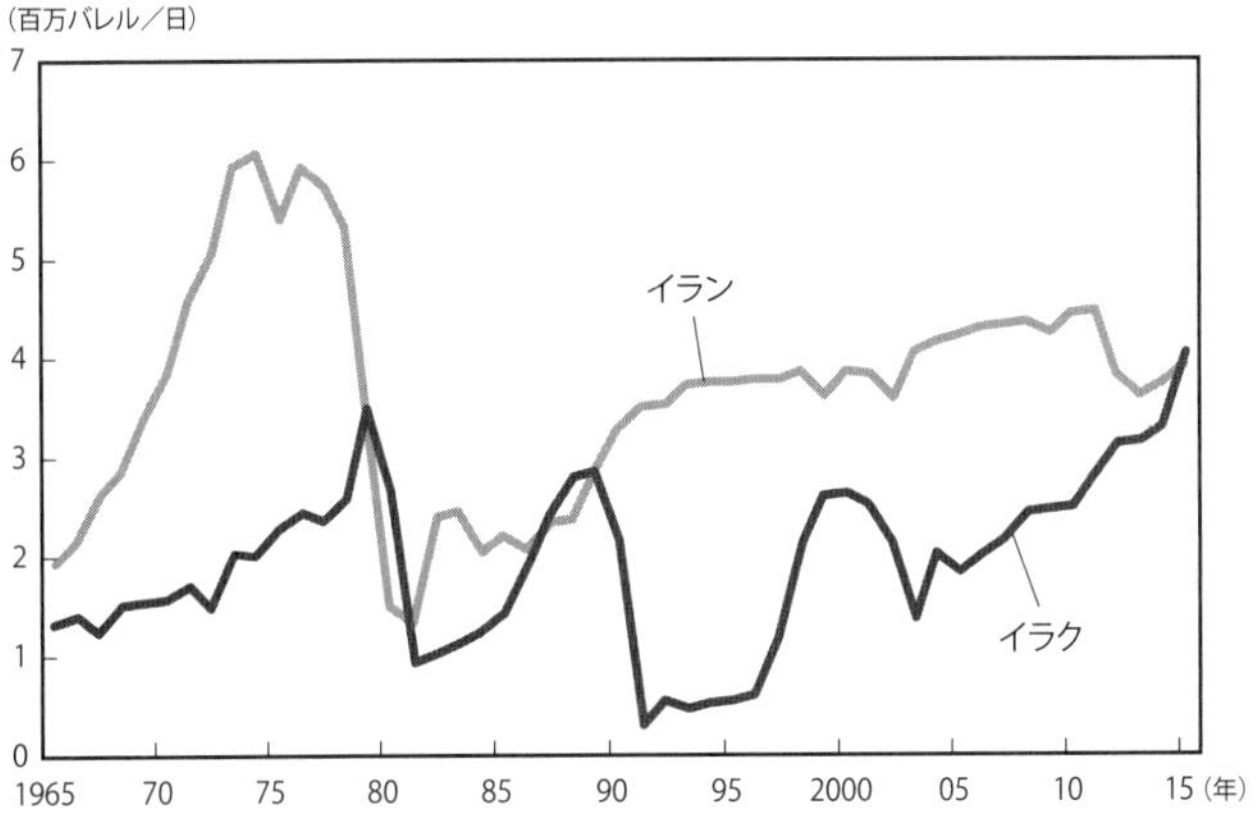

(出所) BP

急拡大するイラクの原油開発

一方で、イラクの生産は着実に伸びている。今後、中東第2の石油大国となろう。

1908年に、イランで、中東地域の最初の油田が発見され、1909年に設立されたアングロ・ペルシャン・オイル(現在のBP)が、イランの石油利権を取得した。[16] 中東の石油開発は、1930年代に入って本格化し、サウジアラビアは米国、イランは英国、イラクとクウェートは両国の石油メジャーが中心に行うようになった。[17]

イラクとイランは両国とも石油大国であるため、英米の度重なる介入を受けてきた。そして、歴史的に、中東の中で最も激しい紛争が起きている。

オスマン帝国解体後、イラクの国境は、サイクス・ピコ協定により、人為的に引かれた。イラクは、1932年に、英国から独立し、1958年には、イラク革命により、王政から共和制に転換した。1968年に、バクル将軍がバアス党政権を樹立した。人口の2割を占めるに過ぎないスンニ派がイラクを支配し、同じく、スンニ派のサダム・フセインが1979年に独裁政権を樹立した。

これに対して、人口2割のクルド人、6割を占めるシーア派の反政府活動が行われた。スンニ派でアラブ人のフセインは、イラン人と人種的に近い少数民族クルド人を虐殺した。

この頃から、イラクは世界的に孤立の道を歩む。その後、イラン・イラク戦争（1980年～1988年）、クウェート侵攻（1990年）、湾岸戦争（1991年）、イラク戦争（2003年）を経て、フセイン政権は崩壊した。2005年の議会選挙により、シーア派が権力を握ることになった。

戦争が終結したイラクの原油生産は、今後20年以内に、生産量が倍増する見通しだ。永らく、イラクは戦争状態にあったため、復興需要は大きい。ペルシャ湾岸を中心に生産コストが低いので、増産が進むだろう。

世界有数のエネルギー大国イラン

イランの正式名称は、イラン・イスラム共和国である。最高指導者が宗教・政治上の統治権を有する。セイエド・アリ・ハメネイ師が最高指導者であり、ナンバーツーである大統領はハッサン・ローハニだ。

1979年に、イラン革命が発生した。フランスに亡命していた宗教指導者アヤトラ・ホメイニが国王政権を打倒した。イランはそれまでの親米路線から反米路線に転換し、米国大使館人質事件が発生した。テヘランで学生たちが米国大使館を占拠し米国の外交官を人質にした事件である。

イラン核開発の懸念から、米国は、イランとの取引を禁止する制裁を実施してきた。2016年に、国際原子力機関（IAEA）がイランの核開発活動の縮減を確認したことで、経済制裁が撤廃された。イランの人口は中東最大であるため、経済制裁撤廃により、エネルギー生産を大きく増やそうとしている。

OPECがまとまりを欠き、サウジアラビアが石油価格の支配力を失っている。これでは、サウジアラビアの地位はますます低下してしまう。

ISが生き残る理由

IS（イスラム国）は、ロシア、フランス、米国、トルコ、イラクなど世界の大国や中東の有力国の多くを敵に回しながら、それでも生き残っている。信じられないほどしぶとい。

ISは、アブー・バクル・アル・バグダディを最高指導者とする。2004年に、スンニ派の過激派組織として、イラクのアルカイダ（AQI）が組織され、2006年に、イラク・イスラム国（ISI）建国を宣言し、2013年に、ISIからイラク・レバントのイスラム国（ISIL）に名称変更した。

ISが生き残っている大きな理由は、以下の3点である。

1．米国が地上戦で直接的に掃討しない。

米国は、ISに対して爆撃し、イラク軍を支援するだけであり、直接的な軍事介入は避けている。

2．異教徒である欧米列強に対する反発がある。

アラブ諸国にとって、ISはウンマを形成する同胞である。ムスリム同士で争っていても、異教徒に対しては一致団結して戦う傾向がある。このため、異教徒である欧米諸国と組んで、イラク軍やシリア軍がウンマに属するISを掃討するのは難しい。

3．ISがイスラム教の主流派であるスンニ派である。

ISの本拠地はシリアにある。そのシリアは、イスラム教徒が9割を占めており、そのうち、スンニ派が大多数を占める。ところが、人口の1割に過ぎないアラウィー派が旧宗主国であるフランスや、旧ソ連時代からの友好国ロシアと結び付いて、政権を維持してきた。1970年以降、半世紀近く、アラウィー派のアサド政権（父と次男）が続いている。

エジプトなどのアラブの春の刺激を受けて、シリアでも、2011年以降、反政府運動が発生し、内戦に突入した。反政府勢力の1つがスンニ派のISだ。つまり、ISは国民

図表3-5　シリア内戦の構造（各国の利害と優先事項）

フランス	ロシア	IS	
・IS打倒 ・難民流入の管理 ・アサド政権転覆 ・中東プロジェクトへの影響	・ロシアの地政学的地位の回復 ・アサド政権の支持 ・中東軍事活動の拡大 ・制裁解除	・カリフの樹立・拡張 ・兵士・資金の拡大 ・アサド政権転覆	
米国	**トルコ**	**サウジアラビア**	**イラン**
・IS封じ込め ・イラク解体の回避 ・イラン制裁解除後の緊張緩和 ・アサド政権転覆 ・同盟国との現状維持	・PKK打倒 ・アサド政権転覆 ・安全な避難場所・飛行禁止区域の確立 ・難民のEU支援 ・EUの加盟交渉復活	・イランの影響への対抗 ・イスラミズム台頭の阻止 ・アサド政権転覆 ・イエメン内戦	・政治的安定の維持 ・制裁の交渉 ・和平・外交プロセス ・アサド政権の支持 ・将来の地域的代理戦争？
英国	**NATO**	**ドイツ**	
・IS封じ込め ・アサド政権転覆 ・空爆の延長？（議論中）	・リビアの活動想定？ ・イラクとシリアの委任拡大？	・難民流入の削減 ・シリアの政治的解決 ・アサド政権転覆	

（出所）Tina M. Fordham, Jan Techau, "GLOBAL POLITICAL RISK: The New Convergence Between Geopolitical and Vox Populi Risks, and Why It Matters," Citi Research, January 18, 2016, p.59

の多数を占めるスンニ派の支持を受けているということだ。

ロシアは、港湾都市タルトゥースにロシア海軍の基地があることから、アサド政権を支持している。トルコは、トルコ系民族がシリアにいるため、反政府勢力を支持している。このように、各国が結束してISに立ち向かう状況ではない。

小括：クリントン、トランプはいずれも孤立主義に向かう？

現在、地政学の視点から、最も注目されるのが中東とエネルギー価格だ。歴史的に、四度にわたる中東戦争、二度の石油危機、イラン革命、湾岸戦争、イラク戦争、アフガン戦争、米国同時多発テロなどに見られるように、中東とイスラムは世界の金融市場を大きく揺り動かした。そして、2010年代も、アラブの春、シリア内戦、ISの台頭、一連の航空機爆破事件、欧州に押し寄せる難民など、多くの紛争や事件が発生してきた。

しかし、再度、孤立主義に戻りつつある米国は、中東から手を引こうとしている。それは、次期大統領によって加速する可能性がある。

クリントンは第1期オバマ政権で外交の責任者である国務長官を務めた。オバマ大統領の「米国は世界の警察官ではない」という発言は、当然、クリントンにも責任がある。そのため、基本的には、オバマ政権の路線を踏襲するであろう。

トランプは、「小さい政府」を唱えるティーパーティの影響を受けているので、財政支出の制約上、軍事費を大きく拡大することは難しい。つまり、誰が大統領になろうとも、「米国はもはや世界の警察官ではない」という路線に変化はないであろう。

さらに、トランプは、同盟国である日本と韓国に対し、駐留米軍経費の全額（増額）負担を求める一方、核兵器保有容認の発言をしている。また、NATO廃止を主張する他、サウジアラビアについては、ISに対して軍を派遣しなければ、原油の輸入を停止するという。

トランプは、イスラム教徒の入国制限や「メキシコとの国境に高い壁をつくる」といった発言を繰り返している。よって、米国の伝統的な外交政策である孤立主義を反映した考えを持つように見える。さらには、トランプはビジネスの専門家であって、外交は不慣れであるため、積極的な国際主義に転換するとは考えにくい。

ただし、クリントンは、外交政策では、同盟関係を重視し、イラン経済制裁撤廃を支持する一方、ＩＳ、中国、ロシアへの対抗の構えを示している。また、トランプも対中国で強硬政策を掲げており、米国の軍事力を活用して、世界で影響力を強める中国に挑戦する可能性がある。

大きな流れとして、いずれが大統領になろうとも、孤立主義の回帰に変わりはあるまい。これは、世界の金融市場にとって不安定要因となろう。

［注］

1　安藤次男「ブッシュの単独主義外交とアメリカ孤立主義」（『立命館国際研究』第22巻第3号、2010年3月）

2　久保文明編『アメリカ外交の諸潮流――リベラルから保守まで』（日本国際問題研究所、2007年）8-9ページ参照。

3　田久保忠衛『新しい日米同盟――親米ナショナリズムへの戦略』（PHP研究所、2001年）193ページ参照。

4　佐々木卓也編『戦後アメリカ外交史　新版』（有斐閣、2009年）2ページ参照。

5　佐々木卓也編『戦後アメリカ外交史　新版』（有斐閣、2009年）259ページ参照。

6　Catherine Lutz, "US and Coalition Casualties in Iraq and Afghanistan," Watson Institute for International Studies, Brown University, February 21, 2013

7　Neta C. Crawford, "U.S. Costs of Wars Through 2014: $4.4 Trillion and Counting Summary of Costs for the U.S. Wars in Iraq, Afghanistan and Pakistan," Watson Institute for International Studies, Boston University, June 25, 2014

8　久保文明編『アメリカ外交の諸潮流――リベラルから保守まで』（日本国際問題研究所、2007年）、久保文明「オバマ外交の分析――その1年4カ月の軌跡」（RIETI Discussion Paper Series 10-J-044、2010年7月）参照。

9 Dianne E. Rennack, "North Korea: Economic Sanctions", CRS Report for Congress, Updated October 17, 2006, p.4

10 Bruce Klingner, "Banco Delta Asia Ruling Complicates North Korean Nuclear Deal," Heritage Foundation, March 15, 2007

11 宮田律『中東イスラーム民族史』（中公新書、２００６年）３ページ参照。

12 外務省「イスラム研究会」報告書（２０００年12月）23ページ参照。

13 榊原櫻「サウジアラビアと米国との関係――緊密さが継続」（『中東協力センターニュース』２０１３年４・５月号）

14 榊原櫻「オバマ米大統領のサウジアラビア訪問と米サ関係の今後」（『中東協力センターニュース』２０１４年４・５月号）

15 Willem Buiter, "Global Economic Outlook and Strategy," Citi Research, May 25, 2016, p.41

16 岩間剛一「大きな魅力を持つイラン、イラクの石油・天然ガス資源の未来」（『中東協力センターニュース』２０１０年12月・２０１１年１月号）55ページ参照。

17 十市勉「やさしい経済学――歴史に学ぶ　エネルギーの覇権」（ＩＥＥＪ、２００４年６月）

第4章

英国EU離脱で激震が走る欧州

1

地政学的リスクが高まる欧州

EU拡大が欧州を不安定化させる

EUは、発足当初、加盟国は6ヵ国に過ぎなかったが、現在では28ヵ国に増えた。米国を上回る経済力、人口を持つEUの発言力は明らかに高まった。

ただし、いいことばかりではない。数が少ないと国の経済格差は小さいが、数が増えると、当然のことながら格差は拡大する。

EU発足後の特徴は、欧州に小国が数多く生まれたことだ。EUは、経済同盟であるだけでなく、外交、安全保障においても同盟が形成される。かつては、小国であると、大国に攻め込まれ、外交面で不利になることが多かった。ソ連領であったバルト三国はその典型例だ。

しかし、現在では、小国であっても、EUに加盟すれば、主要先進7ヵ国首脳会議(G7)などの大きな国際会議に、EU代表を通じてではあるが参加することができる。また、EU加盟国の多くはNATOに参加しているので、小国であっても、軍事大国である米国、フランス、英国が守ってくれる。

たとえば、かつては、単一の国であったチェコスロバキアは、チェコとスロバキアに分離した。ユーゴスラビアは、今では7ヵ国に分離した。そのうち、スロベニアとクロアチアはEUに加盟し、他の5ヵ国も加盟を交渉している。

小国がEU加盟国としてやっていける以上、他も追随することが増えた。その結果、スコットランド、北アイルランド、カタルーニャなどで分離・独立運動が高まっている。たとえば、カタルーニャ（バルセロナが中核都市）がスペインから分離しても、EUに加盟すれば、小国のハンディキャップは小さくなる。

このように、欧州を安定化させる目的で設立されたEUだが、英国離脱、有力地域の分離独立運動など、最近では不安定要因も目立ってきた。

地政学理論による整理

欧州の地政学リスクが高まりつつある。その背景として、以下が挙げられる。

1. シー・パワーの雄である米国が、欧州から撤退しつつある。
2. シー・パワーの英国は、独仏同盟を中心とするEUから離脱を試みた。
3. ハートランドの雄であるロシアは、プーチンという強いリーダーを輩出した。
4. クラッシュゾーンである東欧から中東にかけて、内戦が続いている（ウクライナ、シリアなど)。

5. リムランドにあるドイツやフランスなどでは、イスラム系移民によるテロ事件や難民問題が発生した。

ソ連崩壊は、米国の欧州からの撤退をもたらした。欧州における米軍兵士の数は、ピークから5分の1にまで縮小した。

それでも、残された欧州が一枚岩になれば問題はないが、EU、ユーロとも不安定な状況が続いている。ソ連崩壊によって、比較的経済水準が低い東欧諸国のEU加盟をもたらしたが、それがEU加盟国内の経済不均衡を生んだ。その結果、英国はEU離脱を検討するほど、EU内の亀裂が深まっている。

一方で、頻繁に交代する西側のリーダーと違い、ロシアでは強いリーダーが権力を掌握する。ロシアのプーチン大統領は、国民からの支持率も高く、政権の安定度は高い。しかも、その任期は長い。最初に大統領に就任した2000年から、実質的に権力を掌握し続けている。こうして、ハートランドの重要な領土を支配するロシアは、欧州、中東に対して大きな影響を与え続けることだろう。

欧州で相次ぐテロと増える難民

テロと難民は欧州を苦しめており、これらがEUやユーロに対して大きな悪影響を及ぼすことが考えられる。パリで起こったテロでは、難民ではなく、EU加盟国の国籍保有者が実行犯であった。難民問題をめぐっては、EU加盟国内の結束が乱れつつあり、その点でも、地政学的なリスクが高まっている。

世界の難民が急増しているが、その多くは、中東から欧州に流入している。2015年の新規の難民申請者は226万人に急増し、2014年の86万人を大幅に超える。難民申請を行っていない難民が多いことを考えると、実質的難民数は、大幅に多いであろう。申請国別には、セルビア、ドイツ、ハンガリーの順で多い。セルビアの難民は、最終的に、ドイツや北欧諸国を目指しているが、ハンガリーがセルビアとの国境を封鎖したため、セルビアにとどまっている。

EU域内における人の自由移動を認めるため、シェンゲン協定が締結されている。シェンゲン協定は、1985年に調印され（1995年発効）、1999年発効のアムステルダム条約により、EU基本条約に組み入れられた。英国は、「国境管理は国家主権の中核である」として、警察協力を除き、シェンゲン協定は不参加であり、アイルランドも同様である。[1]

これにより、ＥＵ加盟国のうち22ヵ国と欧州自由貿易連合（ＥＦＴＡ）加盟国４ヵ国の合計26ヵ国が、シェンゲン圏という領域を形成している。シェンゲン圏では、ＥＵ市民か域外国の国民かを問わず、旅券検査などの出入国審査が廃止されている。また、ＥＵ域外国民に対し、共通のビザ政策が採用されている。

つまり、難民がＥＵ加盟国の国籍を取得すれば、欧州のほとんどの国で働くことが可能になる。

遅れてやってきた大国ドイツ

ドイツは、欧州一の大国である。ただし、国家としてのドイツは１８７１年に生まれた。つまり、その歴史は１５０年に満たない。

歴史が浅いドイツだが、普仏戦争以降、第一次世界大戦、第二次世界大戦、そして欧州連合やユーロの誕生などにおいて、ドイツは、常に欧州の中心にあった。つまり、欧州の現代史の主人公はドイツである。

ドイツは、中世以降、神聖ローマ帝国に支配されていた。と言っても、英国やフランスのような中央集権国家ではなく、諸侯の連合体という色彩が強かった。

１６４８年のウェストファリア条約以降、英国やフランスなどは、絶対王政による中央集権国家を形成していった。一方、神聖ローマ帝国皇帝の政治権力は弱体化し、非中央集権化の道をたどった。神聖ローマ帝国内の領邦国家は、①大領邦のオーストリア、プロイセン、②中領邦のバイエルン、ザクセン、マインツなど、③小領邦、に分類される。[2]

神聖ローマ帝国において、1701年に、首都をベルリンとするプロイセン王国が成立し、フリードリヒ1世が、プロイセン国王に即位した。ドイツは、英国やフランスに比べて、近代国家形成で後れをとり、1871年のドイツ帝国成立で、中央集権国家がようやく築かれた。

19世紀後半は、英仏が世界で植民地獲得合戦を繰り広げていた。一方で、ランド・パワーであったドイツの海外進出は遅れた。

プロイセンが諸侯を従えて、ドイツ帝国が誕生したのが、1871年のことだ。イタリアの国家成立が1861年、日本の明治維新が1868年だ。つまり、世界の植民地の陣取り合戦が終わりつつある頃、後に同盟を組んで第二次世界大戦を戦うことになった日独伊の近代国家形成が実現したということになる。

贖罪のためにドイツは難民を受け入れる

ドイツは強国に囲まれている。そのため、一方を短期間で叩き、二正面作戦にならないようにすることが必要だ。

短期間で相手を打ち負かすためには、日頃から戦争のための準備をしておいて、かつ鉄道や戦車など機動的な輸送や攻撃が必要となる。そのため、プロイセンの軍人クラウゼヴィッツが記した『戦争論』にあるように、ドイツでは、戦争技術や戦争理論が発達した。ドイツの人口は、欧州最大である。また、石炭、鉄鉱石などの資源に恵まれていた。そして、歴史的に、ギルドが発達し、商業、工業が栄えた。これが、ドイツの軍事力の強さの源泉だった。

しかし、これが数度にわたる戦争を引き起こし、第二次世界大戦では、ヒトラーによるユダヤ人虐殺などの悲劇を生み出した。今日のドイツの政策は、その反省に立ってつくられているものが多い。

現在、ドイツは、欧州の中では、圧倒的な経済力を持つ。このため、難民の多くは、ドイツへの移住を求めて、欧州に流入している。シリアやトルコのキャンプ地にいても、食糧は満足になく、不衛生で、かつ危険が高い。その点、ドイツにたどり着けば、難民申請者には、最低限の生活費を給付する他、難民向けの居住施設も整備されている。このため、多少の危険は承知の上で、難民は海を渡ってドイツを目指すのだ。

難民申請者は、最長3ヵ月、受入施設での居住義務があり、その後、各州が設置した施設や民間の賃貸住宅に居住する。難民認定を受けてから労働市場参入までの待機期間は3ヵ月であり、ドイツ語、ドイツ法秩序、社会文化などの教育制度も整備されている。ドイツの人口は約8000万人だが、移民の人口は1000万人を超える。それほど、移民受け入れ制度が定着している。

言い換えれば、ドイツが難民を手厚い待遇で受け入れるので、大量の難民が発生するとも言える。それでは、ドイツは、なぜ、難民を積極的に受け入れるのか。その理由は、以下の2点である。

経済的な理由

ドイツの失業率は2015年の5％と低い。10年前から半分以下に低下している。しかも、合計特殊出生率は1・47（2014年）と低い。このため、難民を受け入れることは、ドイツの労働力不足解消にとって有効な手段となる。実際に、1990年代前半にボスニア・ヘルツェゴビナからの難民を多く受け入れ、有効に労働力化することができている。

政治的な理由

手厚い難民保護の背景には、大量の難民を生んだ歴史の贖罪という側面がある。1914年のドイツ軍によるベルギー進攻では、約25万人の難民が、英国に流入した。[3]1933年にドイツにナチス政権が成立し、迫害を受けたユダヤ難民が世界各国に避難した。

ナチス政権による迫害の歴史から、ドイツ連邦共和国基本法（日本の憲法に相当）で、政治的に迫害される者に対する庇護権を保障している。国家の裁量ではなく、難民個人の請求権として認めている点が画期的である。[4]

ただし、難民増に対する社会的な反発もあり、メルケル首相の支持率にも悪影響が出ている。景気のいい時は、国民は難民受け入れに比較的寛容だが、リーマン・ショックのような経済危機が発生した際には、大きな社会的な摩擦が懸念される。

2

英国のEU離脱は世界を揺るがした

シー・パワーの雄である英国

かつてほどの力はないにせよ、英国はその巧みな外交戦略で、今なお、世界の有力国の地位を占めている。

1815年に、ナポレオンを打ち負かして以来、第一次世界大戦勃発までの約100年間を、パックス・ブリタニカ（英国の平和）と呼ぶ。植民地経営の成功、産業革命、強力な海軍力が、大英帝国成立の重要な要因となった。1909年当時で、大英帝国の領土は、全世界の土地・人口の4分の1に及び、フランスの植民地の3倍であった。[5]

歴史的に、英国は大陸欧州諸国と多くの戦争を繰り返している。紀元前1世紀のカエサルの攻撃に始まり、ローマ帝国の支配、アングロ・サクソン人の侵攻、1066年のノルマン征服、百年戦争、七年戦争、ナポレオン戦争、第一次世界大戦、第二次世界大戦と続いた。米国建国後は、むしろ同じアングロ・サクソンである米国との同盟関係を強化してきた。

英国では、欧州と言うと、大陸欧州のことを意味し、自国を欧州に含めない。このように、歴史的には、英国は、リムランドの大陸欧州諸国よりも、同じシー・パワーの米国との距離が近い。

英国の強みは、その柔軟性である。米国と近いながらも、中国主導のAIIBに加盟し、中国から原子炉を購入するなど、巧みな外交を展開している。ロンドン市長には、パキスタン移民2世のイスラム教徒が選出された。また、後述のように、意外に、英国はロシアとも距離が近い。

英国がEU離脱を決断した

英国のEU離脱派勝利は、世界の金融市場を震撼させた。世界の株価は急落し、危機時に買われることが多い円が急騰した。

日本では、大多数の識者が、英国がEUに残留すべきと主張し、離脱すべきとの声はまったくと言っていいほど聞かれなかった。英国がＥＵを離脱すれば、世界の金融市場が大混乱することは当初から想定通りだったはずだ。

しかし、それでも、国民投票の結果は、英国の国民の過半数がＥＵ離脱は国益のためになると判断したということを示す。これは、一般の日本人にはなかなか理解しがたい。そこで、英国離脱派のロジックに沿って、今回の結果を分析してみることとしよう。

英国がＥＵから離脱した最大の理由は、ＥＵが独仏を中心とする大陸欧州連合だからである。

ＥＵの本質は、独仏不戦同盟である。欧州の大戦は、三〇年戦争（1618～1648年）以降、七年戦争、ナポレオン戦争、普仏戦争、二度の世界大戦と、すべてドイツとフランスの戦争が起因している。

そこで、1952年に、西ドイツ、フランス他計6ヵ国が、欧州石炭鉄鋼共同体を設立した。経済同盟を強固にすることで、不戦同盟を強固にする戦略だった。これが、1957年に欧州経済共同体（ＥＥＣ、1958年に発足）、そして、1967年に、欧州共同体（ＥＣ）となった。

1961年と1967年に、英国が加盟を申請した。ところが、フランスのドゴール大統領は、二度とも拒否した。そして、ドゴール退任後、1973年になってようやく英国のＥＣ加盟が承認された。

実は、英国がEU離脱の国民投票を実施するのは二度目だ。1974年の総選挙で勝利した労働党政権が、EC離脱をちらつかせて、ECと再交渉を行った。そこで、英国の予算分担の軽減などを勝ち取った。1975年に、EC離脱を問う国民投票が行われたが、残留が決定した。

つまり、フランスは英国の加盟を12年間も妨げた。そして、ようやく加盟したのに、英国は加盟2年後に離脱の国民投票を実施したのだ。このように、英国と大陸欧州のEU加盟国の関係は、入り口からぎくしゃくしたものだった。

それでも、EUは、1993年発足当初は加盟国が12ヵ国であり、経済や文化水準が比較的近い西欧同盟であった。このため、英国に低所得国から移民が流入することは限定的であった。

ところが、2004年に東欧10ヵ国が一斉に加盟し、その後、28ヵ国まで加盟国が増えると様相が大きく変わった。つまり、西欧同盟であったものが、東欧まで含む大欧州同盟に変質したのだ。

そして、さらに、EU加盟国数が増えることが予想される。現在はアルバニアなど5ヵ国が加盟交渉を行っている。このため、最大33ヵ国まで加盟国が増えると予想される。つまり、低所得国がさらに加盟するため、英国への移民が増える可能性がある。これが、英国の不満を高めることとなった。

図表 4-1　EUの歴史

1952年	欧州石炭鉄鋼共同体（ECSC）創設（パリ条約）。 ベルギー、西ドイツ、フランス、イタリア、ルクセンブルク、オランダが加盟。
1958年	欧州経済共同体（EEC）と欧州原子力共同体（EAEC）創設（ローマ条約）。
1967年	欧州共同体（EC）が発足（ブリュッセル条約）。
1973年	アイルランド、イタリア、英国がECに加盟、9ヵ国に拡大。
1981年	ギリシャがECに加盟、10ヵ国に拡大。
1986年	スペイン、ポルトガルがECに加盟、12ヵ国に拡大。
1993年	単一市場誕生。欧州連合（EU）発足（マーストリヒト条約）。
1995年	オーストリア、フィンランド、スウェーデンがEUに加盟、15ヵ国に。
1997年	加盟国を中欧、東欧まで拡大で合意（アムステルダム条約）。
1998年	欧州中央銀行（ECB）設立。
1999年	欧州単一通貨誕生、ユーロ導入。ユーロ加盟国は11ヵ国で開始。
2001年	ギリシャがユーロに加盟し、12ヵ国に拡大。
2002年	ユーロ紙幣と硬貨が流通開始。
2004年	チェコ、キプロス、エストニア、ハンガリー、ラトビア、リトアニア、マルタ、 ポーランド、スロバキア、スロベニアがEUに加盟、25ヵ国に拡大。
2007年	ブルガリア、ルーマニアがEUに加盟、27ヵ国に拡大。 スロベニアがユーロに加盟（13ヵ国）。
2008年	キプロス、マルタがユーロに加盟（15ヵ国）。
2009年	スロバキアがユーロに加盟（16ヵ国）。
2011年	エストニアがユーロに加盟（17ヵ国）。
2013年	クロアチアがEUに加盟、28ヵ国に拡大。
2014年	ラトビアがユーロに加盟（18ヵ国）。
2015年	リトアニアがユーロに加盟（19ヵ国）。

（出所）EU

EU離脱のメリットとデメリット

EU離脱派は、主に、以下を問題視する。

1．EUの財政負担が大きい。それに対して、英国のメリットが小さい。
2．ブリュッセル（EU本部の官僚）への権力が集中し、数で勝る大陸欧州諸国主導で意思決定がなされている。
3．EUは、労働の移動の自由を認めているため、賃金の低い移民が増加し、英国の労働者が失業する。

特に、3の重要性が高い。たとえば、ラトビア（一人当たりGDP1万3729ドル、2015年）の労働者が、英国（同4万4118ドル）で仕事を得ることはビザなしで可能だ。そして、失業したら、ラトビアの給料よりも高い失業手当をもらえる可能性がある。そのため、貧しい国から英国のような福祉の充実した国に、移民が増える。これを福祉のアービトラージと呼ぶ。

英国がEUから離脱しやすいのは、EUの制度の多くを取り入れていないからだ。たとえば、英国は、EU加盟国でありながら、ユーロを導入していない。EUの基本条約を修正するリスボン条約（2009年発効）では、EU市民の基本的権利を定めた基本権憲章など、数々のオプトアウト（規定の適用除外）を行っている。人の往来を自由にするシェンゲン協定もオプトアウトしている。

ユーロは通貨の往来、そしてシェンゲン協定は人の往来を自由にする制度である。これらの両協定に参加していないのは、EU28加盟国中、英国をはじめ6ヵ国ある。

そもそも、同じ欧州であっても、英国と大陸欧州は、政治や経済体制が大きく異なる。英国は、ウィンブルドン現象に代表されるようにオープンであり、経済における政府の関与を最小限にとどめる伝統がある。それに対し、大陸欧州は、手厚い福祉の北欧に代表されるように、経済における政府の関与が大きい傾向にある。

法制度も大きく違う。大陸欧州の法制度をシビルロー（市民の法）と呼ぶ。これは、ハムラビ法典やローマ法の流れを汲むものであって、王様が市民を支配するための法律なのだ。このため、王は法律に縛られなかった。

一方で、英国の法律はコモンロー（共通の法律）と呼ばれる。英国では、早い時期に、国王の権限を制限し、議会の役割を強化する民主的な制度が確立した。ビジネス法制も、自由度が高く、柔軟である。

また、EU離脱のデメリットもある。これまで享受していた単一市場としての、人、物、サービス、資本の移動自由が制限される場合がある。たとえば、英国から大陸欧州に商品を輸出する場合、現在は関税がかからないが、今後、関税がかかる可能性がある。

今でも、アムステルダムなどに欧州の地域本部を置く日本企業は多い。こうした動きに拍車がかかる可能性は否定できない。

金融立国である英国にとって、EU加盟の経済上の最大の恩恵は、シングルパスポート・ルールである。これは、EUいずれかの国で免許・認可を持つ金融機関は、EU諸国で支店設立や金融商品の提供が可能となる。EU加盟国としての恩典が失われるために、ロンドンからEU市場へのアクセスが制限される。そのため、ロンドンの金融市場としての地位が低下する可能性もある。

ただし、ロンドンは、EUに加盟する前から国際金融センターであった。その歴史は19世紀にさかのぼる。そして、EU加盟国内に、ロンドンを脅かすような国際金融センターは存在しない。

ニューヨーク、シンガポール、そして欧州の主要都市などに、一部の機能を移転する金融機関はあるだろう。しかし、証券市場が小さく、都市の規模が小さいフランクフルトやチューリッヒやダブリンが、ロンドンを完全に代替できるとは考えにくい。このため、金融における影響は限定的になるだろう。

強まる欧州の遠心力

英国のEU離脱は、欧州諸国間の遠心力を強めることになろう。ユーロ危機、難民問題、テロ頻発と、欧州を取り巻く環境は厳しい。一触即発というべきだろう。

今回の国民投票では、イングランドの多くの地域が離脱を支持したものの、スコットランドでは残留支持が多数だった。2014年の国民投票では、スコットランドの英国からの独立は否決された。しかし、これを機に、スコットランドの英国からの独立とEU加盟を目指す運動が盛り上がることだろう。

欧州では、スコットランド以外にも、スペインからバルセロナが中核都市であるカタルーニャなどの独立運動が活発化しよう。これらは、英国と異なり、独立したらEU加盟を目指すと予想される。

1990年代以降、欧州では、小国が乱立する傾向がある。たとえば、ユーゴスラビアは内戦を経て、7ヵ国に分裂した。チェコスロバキアは、チェコとスロバキアに分離した。これは、ユーゴと異なり、円満離婚だった。

その理由として、冷戦終結とソビエト連邦の消滅がある。そして、2004年のEU拡大によって、東欧諸国もEUに加盟できるようになった。人口が数百万人の小国であっても、EUと北大西洋条約機構（NATO）の傘で外交、安全保障において、大きなハンディを背負うことはなくなった。

たとえば、伊勢志摩サミットにおいて、EUの欧州委員会委員長が正式メンバーとして参加しており、間接的でありながら、チェコとスロバキアも参加していることになる。このように、小国であるデメリットはEUに加盟すればかなり小さくなる。こうして、欧州では、小国が分離独立する動きが高まることだろう。

英国とEUの交渉次第

今後、英国とEUは2年間の離脱条件の交渉を行う。なお、この期間は、無制限で延長が可能である（リスボン条約50条3項）。交渉期間中は、英国はEU加盟国として、今と同じ権利と義務を有する。

そもそも、英国の国民投票は法的拘束力を持たない。交渉当事者は政府なので、議会などの影響を受けて方針が変わることは法制度上ありうる。

この交渉結果次第で、英国とEUにとって、さらに厳しい事態が生まれるかもしれない。場合によっては、リーマン・ショック級の経済危機がやってくることが考えられる。

ただし、英国のEU離脱イコール世界経済の混乱であるとは言えない。たとえば、EUに加盟していないノルウェーやスイスは、経済、金融において、大きな支障がない。

ノルウェーは欧州経済領域協定に加盟しており、EU加盟国と実質的に大きく変わらない経済・貿易体制となっている。スイスはEU各国と個別に協定を結んでいる。両国は、EUに加盟していないが、シェンゲン協定に加わっているので、両国民はパスポートやビザなしで、EU加盟国と往来できる。カナダも、EUと高度な自由貿易協定を結んでいる

図表 4-2　欧州主要国の対外関係

	EU加盟	ユーロ	シェンゲン協定	NATO	自由貿易協定
ドイツ	○	○	○	○	○
フランス	○	○	○	○	○
イタリア	○	○	○	○	○
スペイン	○	○	○	○	○
英国	○	×	×	○	○
アイルランド	○	○	×	×	○
デンマーク	○	×	○	○	○
スウェーデン	○	×	○	×	○
オーストリア	○	○	○	×	○
ノルウェー	×	×	○	○	○
スイス	×	×	○	×	○

（出所）EU

（シェンゲン協定には加わっていない）。

欧州の多くの国は、ＥＵ、ユーロ、シェンゲン協定、ＮＡＴＯ、自由貿易協定を採用している。しかし、これらをすべて採用しているのは、フランス、ドイツ、イタリア、スペインなど中核国が多い。英国、北欧、東欧などの周辺国は、これらすべてを満たしていない国が多い。

言い換えれば、大陸欧州の中核国以外は、比較的柔軟に対応する制度になっている。ノルウェーやスイスがＥＵに加盟せずにやっていけるのに、英国だけがやっていけないというのは考えにくい。このように、英国とＥＵの交渉がうまくまとまれば、英国離脱は世界を大混乱に陥れることはないだろう。最後は、大人の話し合いがなされるのではないか。

歴史的に、英国は、外交交渉が得意だ。そ

の巧みさ（狡猾さ？）は、サイクス・ピコ協定、バルフォア宣言、フサイン・マクマホン協定に代表されるように、多くの国を翻弄してきた。ナポレオン戦争、二度の大戦では、ピンチに追い込まれながら、同盟国づくりに成功し、いずれも戦勝国となった。

もし、EUが離脱交渉において、英国に対して厳しい姿勢を取れば、英国も対抗上さまざまな手段を駆使するだろう。たとえば、中国やロシアと関係を強化することが考えられる。

特に、ロシアと関係を強化することが、地理的にロシアと近いドイツと東欧諸国に対する牽制として有効なのではないか。ロシアとしても、クリミア併合以降、外交的に孤立しているので、英国と関係を強化できるのであればメリットは大きい。こうして、英国はロシアカードを駆使して、EUとの離脱交渉の望むことがオプションの一つになっている。その点でも、英国とロシアの歴史的な関係を理解することは重要だ。

意外に近いロシアと英国の関係

英国のEU離脱騒動は、大陸欧州諸国との関係を疎遠なものにするだろう。そして、英国とロシアの関係が変化し、世界の安全保障に大きな影響が生まれる可能性がある。

英国は、ナポレオン戦争、二度にわたる世界大戦において、いずれもロシアと組んで、勝利を収めている。英国とロシアの関係は、イメージよりも近いのだが、その理由は以下の2点である。

地理的な要因

シー・パワーの英国とランド・パワーのロシアは、クラッシュ・ゾーンの東欧諸国、そしてリムランドの英独などに隔てられて、直接的に戦争を行うことはなかった（英国がトルコを支援したクリミア戦争を除く）。

ユダヤ人の移住

英国には、ロシア系ユダヤ人が多く住み、金融や不動産を中心に多額の権益を持つ。たとえば、プレミアリーグのチェルシーのオーナーは、ユダヤ系ロシア人の石油王アブラモヴィッチである。

1881年のロシア皇帝アレクサンドル2世（在位1855年〜1881年）暗殺を契機に、ポグロムがロシア南部で発生した。ポグロムとは、民衆によるユダヤ人に対する集団的略奪、虐殺、破壊行為である。その結果、多くのユダヤ人が英国や米国に逃げてきた。

宗教上の理由から、ユダヤ人は金融業で活躍してきた。国際金融センターとしてのロンドンでも、ロシア系ユダヤ人が大いに活躍している。

3

ハートランドに位置するロシアの重要性は高い

攻められ続けた歴史を持つロシア

ロシアの最大の強みは、強力な政治的なリーダーシップだ。クリミア併合を断行したプーチンに対する国民的な人気は高い。

ソ連邦国家保安委員会（ＫＧＢ）で勤務した経験を持つプーチンは、２０００年に大統領に就任した。その後、２期大統領を務め、２００８年に首相に就任した。２０１２年には、再度、大統領に就任した。２００８年の憲法改正により、大統領の任期は４年から６年に延長され、最高２期まで国民の直接投票により選出される。

つまり、最長で２０２４年まで、プーチンは大統領を務めることができる。これが実現すると、四半世紀近く、権力のトップにあり続けることになる。

ハートランドの中核に位置し、ランド・パワーの雄であるロシアは、周辺国に度々進出した歴史を持つ。たとえば、第二次世界大戦のポーランド侵攻、冷戦時代のハンガリー、チェコスロバキア、アフガニスタン、そして最近のウクライナ、クリミアなどがその例だ。

国内では民族問題を抱え、チェチェン共和国による分離独立の動きが、武力紛争にまで発展した。チェチェン人は、北コーカサスのイスラム教を信仰する民族である。１９９０年代以降の紛争では、約25万人の犠牲者が出たと言われる。

このように、ロシアは、たいへん攻撃的というイメージがある。しかし、ロシアから見ると、大国から攻められ続けた歴史がある。そのために、周辺国を衛星国として支配し、自国の安全保障を図るという戦略をとってきた。さらに、不凍港を求めて南下政策をとったため、欧米や日本から見るとたいへん攻撃的な国であるように見える。

歴史を遡ると、現在のウクライナにおいて、騎馬民族スキタイ人が、紀元前に台頭した。その後南ロシアで、北アジアの騎馬民族フン族が登場した。フン族の帝国が5世紀に崩壊すると、農牧を営んでいたスラブ人が勢力を拡大していった。[6]

スラブ人による国家形成は、9世紀である。８８２年に、東スラブ人の国として、キエフを首都とするキエフ大公国（ルーシ）が、成立した。つまり、ウクライナの首都キエフがロシアの国としてのルーツであるとも言える。

１２４０年に、チンギス・ハンのモンゴル帝国がキエフを占領した。スラブ人がロシアを支配するようになったのは、15世紀以降のことである。

ロシア帝国が成立したのは、ピョートル1世が皇帝の称号を受けた１７２１年のことである。米国の独立宣言が１７７６年なので、ほぼ同時期だったことになる。その後、ロシアは南下政策を実行するために周辺国を併合し続けた。トルコから、クリミア半島を獲得したのもこの時期だ。こうして、建国後、ロシアは、短期間でハートランドの主要部分を制覇した。

三度の戦争で国土が主戦場となった

その後、ロシアは、大国の侵略を受けた。三度の大戦で、モスクワやサンクトペテルブルクなど主要都市を含む国土が主戦場となったため、甚大な被害を受けた。以下が主要な戦争である。

ナポレオン戦争

1812年に、英国に対する大陸封鎖令にロシアが違反したとして、フランスの皇帝ナポレオンがモスクワに侵攻した。ところが、冬将軍の前に、ナポレオン軍は食糧難に陥り、撤退した。

第一次世界大戦

1914年に、ドイツはロシアに対し宣戦布告し、両国は開戦した。1915年に、ドイツの攻勢で、ロシアはポーランドを喪失した。度重なる敗戦で、1917年に、主要都市で暴動が発生し、ロシア帝国は崩壊した。革命に成功したレーニン政権は、1918年にドイツと単独講和を結び、ポーランド、バルト3国などを割譲した。

第二次世界大戦

1939年に、ドイツによるポーランド侵攻で、第二次世界大戦が始まり、ソ連はポーランド東部を占領した。しかし、1941年に、ドイツが独ソ不可侵条約を破棄し、ソ連の攻撃を開始した。当初、ソ連軍が劣勢であったが、厳冬と戦争の長期化に伴い、1943年にドイツ軍は退却を余儀なくされた。ソ連の犠牲者数は約3000万人とも言われる。

ロシアは、モスクワやサンクトペテルブルクなど主要都市を守る自然の要塞がないため、ナポレオンやヒトラーのように機動戦を得意とする軍隊に対して脆弱だ。ただし、国土が広大であるために、攻撃側の補給線は伸びきってしまい、補給が難しい。加えて、冬将軍がやってくる。このため、いずれも攻め込まれるのだが、長期戦に持ち込んで、決定的な敗北に至らなかった。

自国防衛のためにリムランドに影響を行使するロシア

戦後、ロシアは、以下のような安全保障政策をとってきた。そして、基本戦略は今なお大きな変化はない。

1．衛星国の支配

国土防衛のためには、周辺国に影響力を行使し、これらを防衛線とすることが、ロシアにとって望ましい。戦後、社会主義国化した東欧諸国とワルシャワ条約を締結し、軍事同盟を結んだ。そして、ハンガリー動乱、プラハの春などを力で抑え込んだ。また、バルト3国など周辺国をソ連に編入した。そして、中国、モンゴル、北朝鮮、アフガニスタンなどを影響下においた。今でも、ウクライナのロシア人勢力を支援し、クリミアを併合するなど、縮小したとはいえ、この戦略は有効である。

2．南下政策

ロシアは、シベリアのウラジオストク、クリミアのセヴァストポリなどの不凍港を支配している。歴史的に、トルコ、日本、中国などとは、これらをめぐって厳しく争った。現在でも、シリアに軍港を有するため、アサド政権を支援しているなど、南下政策も有効に機能している。

3．国内のテロ対策

ロシア国内に、タタール人、バシキール人、チェチェン人などイスラム系民族が居住しており、その中には、イスラム過激派もいる。ロシア正教徒が南下政策に沿って、これら地域を支配したため、ロシアに対する抵抗と反発は激しい。これらが、度々、ロシアの主要都市での大規模なテロ事件発生の原因となっている。

こうした戦略以外に、ソ連時代は、反米の国の支援という戦略があった。反米勢力であったキューバのカストロ、リビアのカダフィ、エジプトのサダト、北朝鮮の金日成、北ベトナムなどを支援していた。

最近では、中国と関係改善を図っている。20世紀に入り、両国とも社会主義国となったが、1960年代に、イデオロギー論争から中ソ対立が起こった。1969年には、武力衝突に発展した。しかし、その後、関係改善は進み、プーチン大統領と習近平国家主席は、頻繁に会合を行っている。ロシアはクリミア問題、中国は南シナ海問題で、米国と対峙しているため、欧米に対抗する目的がある。

「敵の敵は味方」であるだけに、今後も、中国とロシアの関係が深まることだろう。

小括：遠心力が働く欧州リスクに注目

冷戦時代は、米国を中心とする西側のNATO加盟国、ソ連を中心とする東側のワルシャワ条約機構加盟国が対峙していた。目の前に大きな脅威がある以上、多少の摩擦はあったものの、敵に対して一致団結する必要があった。

しかし、ソ連が崩壊し、冷戦が終結したら、もはやその必要はない。欧州の勢力図は、以下のように、大きく変わりつつある。

1. 東欧諸国の多くは、EUに加盟し、NATO入りした。
2. 東西ドイツ統合によって、大陸欧州におけるドイツの役割が高まった。
3. 英国と大陸欧州の関係は疎遠になりつつある。
4. EUがあることによって、小国でもやっていける。そのため、スコットランド、カタルーニャなどの分離独立運動が活発化している。

21世紀に入って、経済、通貨において、ドイツの主導権が強まった。ところが、過去の戦争の反省に立って、ドイツがかつてのような強力な軍事力を発揮することはない。経済力と軍事力は一体であるため、フランスやイタリアが大陸欧州の主導権を握るのは容易でない。

いつの世にも、強力なリーダーを欠いた組織は、遠心力が働いてしまう。そして、求心力のない組織は不安定で、脆弱であることが多い。

予想外に、ハートランドの雄であるロシアは強い一方で、シー・パワーの雄である米国が欧州への関与を減らしている。そして、地理的に、あるいは歴史的に、欧州は中東の影響を受けやすい。平時は特に問題はないが、難民問題の深刻化、移民によるテロ、あるいはギリシャ危機の再発などが発生すれば、欧州のバランスが崩れた状態が露呈するおそれがある。これは、ユーロ危機などを招くリスクがあるので、金融市場の視点からも要注意だ。

［注］

1　ＥＵ駐日欧州連合代表部「ＥＵ内の自由移動と査証について教えてください」（ＥＵ ＭＡＧ、２０１４年6月17日）
2　若尾祐司・井上茂子編『近代ドイツの歴史――18世紀から現代まで』（ミネルヴァ書房、２００５年）12ページ参照。
3　M.C. Barrès-Baker, "Our Belgian Guests" - Refugees in Brent, 1914-1919", Brent Archives 2010
4　昔農英明「リベラルな移民国家における難民保護の質的変容――ドイツの事例から」（『移民政策研究』第3号、２０１１年）
5　グレン・ハバード、ティム・ケイン『なぜ大国は衰退するのか――古代ローマから現代まで』（日本経済新聞出版社、２０１４年）２５０ページ参照。
6　和田春樹『ロシア（ヒストリカル・ガイド）』（山川出版社、２００1年）8、18-19ページ参照。

第5章

中華思想の伝統を持つ中国

1

中国は南沙諸島を手放さない

なぜ中国は南シナ海に進出するのか

中国は、2011年頃、尖閣諸島は自国の領土であるとして、中国の漁船などが度々、日本の領海を侵犯した。そして、最近では、南沙諸島や西沙諸島の一部を埋め立てて、軍事基地を建設中である。それに伴い、日本、ベトナム、フィリピンなどと激しい摩擦を起こしている。

世界第2位の経済規模を持つ中国は、もはや、押しも押されもせぬ大国だ。低下したとはいえ、経済成長率は6%台と高い。仮に、中国の成長率が3%台であったとしても、日本の3倍近い経済規模を持つ国が3%以上で成長できるのであれば立派なものだ。

それほどまでに豊かな大国が、なぜ、隣国と摩擦を起こし、国際世論の非難を浴びながら、これらの小さな島に関わるのだろうか。その理由は、主に、2つある。

第1に、中華思想である。中国は、古来より、アジアの中心として、アジアを広く支配してきた。たとえば、ベトナムは、漢~唐、明王朝の支配下にあり、清の時代には、属国であったので、南沙諸島は元々中国が支配していたと言えなくもない。

第2に、国内対策である。国内に不満がある時に、国外に敵をつくるのは、古今東西、いずこも同じだ。景気減速、貧富の差の拡大、政府の汚職など、国民の不満が高まる中で、矛先を転じる必要がある。

幸か不幸か、中国が領土をめぐって摩擦を抱える日本、ベトナムとは、かつて何度も戦争があった。このため、日本、ベトナムとの領土問題は、中国の国民の関心が高く、同時に、政府の厳しい姿勢を国民が強く支持する傾向がある。

第5章では、この2点の構造問題を解き明かすことにしたい。

華夷秩序とは何か

習近平政権は、「中華民族の偉大な復興」のスローガンの下、東アジアの大国として、華《か》夷《い》秩序の再興を掲げる。

中国古代文明は、黄河、長江といった地域で生まれた。黄河文明が起こった黄河中流域の人は、この地域を「中原・中国」または「中華・中夏・華夏」と称し、周辺の民族や部族に対して、中華の高度な文明や文化を享受し得ないとして、強い優越感を抱いた。[1]

中華に対する概念は、「夷狄《いてき》」である。自らを特別地域として文化の花咲く地とし、それ以外を夷狄の跋扈する地と捉える。中国の周辺地域の異民族を東夷《とうい》、北狄《ほくてき》、西戎《せいじゅう》、南蛮《なんばん》と呼び、蔑視することもあった。日本は、東夷に該当する。

夷狄とは、①漢民族でない者、②普遍的な道理を知らない者、という意味がある。[2] こうした考えは、中華思想や華夷思想と呼ばれ、春秋戦国時代より、育まれてきた。要は、中国以外は、辺境の野蛮な人たちということだ。

紀元前221年に、秦の始皇帝が中国を統一し、漢字の領域を拡大した。紀元前202年に漢王朝（前漢の劉邦）が成立した。劉邦が、紀元前206年に漢王（漢中王）を名乗ったことに由来する。漢民族は、漢字を生み出した民族である。漢王朝以降、漢人と称され、中国王朝を象徴する言葉となった。

中国は周辺国を直接的に支配するのではなく、属国として、間接的に支配していたのだ。漢王朝の時代に、冊封体制を通じて、漢字の世界が東アジア周辺国にもたらされた。[3]

冊封《さくほう》とは、中国皇帝を頂点とし、各国の君主や王を侯に位置づけるものである。代表的な例は、朝鮮やベトナム、そして琉球（沖縄）だ。日本でも、冊封体制の漢委奴国王印の金印が発見されている。

各国からは、中国皇帝の徳を慕って、定期的な貢物が献上され、中国皇帝は、下賜品や爵位、官位を賜与した。これを朝貢関係と呼ぶ。周辺国からやってきた使者は手厚くもてなされ、献上品よりもはるかに高価な土産を持たせて帰した。これにより、皇帝の権威が周辺国にまで及ぶことを示した。同時に、朝貢は貿易や国際交流を活発化し、唐の都であった長安は国際都市として栄えた。

異民族に侵略され続けた漢民族

歴史的に、中国では、北方諸民族と漢民族が、勢力を競い合ってきた。農耕民族である漢民族に対し、北方民族は、遊牧民族であり、環境の厳しい草原から、機動力のある騎馬軍団を率いて、経済的に豊かな中国王朝を度々攻撃した。

秦から清の時代まで、中国王朝は約2100年続くが、漢民族が支配したのは、秦以降、明まで、合計約1200年であり、北方民族に支配された時期は約700年である（五胡十六国、南北朝、五代十国時代除く）。なお、隋・唐は鮮卑《せんぴ》（モンゴル系もしくはトルコ系北部の遊牧騎馬民族）、元は蒙古（モンゴル人）、清は満州民族が支配した。そして、20世紀前半には日本の侵略を受けた。

ちなみに、トルコ、モンゴル、満州、朝鮮、日本は、いずれもウラル・アルタイ語族に属する。つまり、豊かで高度な文明を持つ漢民族を、北方のウラル・アルタイ語族が侵略したのである。

ただし、巨大な国家を統治する能力を持たない遊牧民族が、農耕民族である漢民族を長く支配することは容易でない。いずれも漢族による反乱が発生して、異民族王朝は滅亡した。

19世紀に入り、東アジアに対する西欧列強の植民地化が進展していく。中国も例外ではなく、満州族に支配された清の時代に、1840年のアヘン戦争以降、欧米や日本との戦争でことごとく敗れ、領土の割譲や不平等条約の締結を余儀なくされた。

20世紀に入って、中国を侵略したのは日本だ。1914年に山東省に出兵し、1915年には21ヵ条の要求を突き付けた。1931年に日本は満州を占領し（満州事変）、翌年に満州国を建国した。1937年に、日中戦争が始まったが、戦争は長期化した。1945年に、日本は無条件降伏したが、日本による侵略と対日抗戦で中国は疲弊した。

中国は、他国に対し攻撃的な国家だと思われがちだ。しかし、実際は、前述のロシア同様、異民族から侵略され続けた歴史を持つ。自国を守るには、周辺地域を勢力下に置くことが有効だ。

たとえば、中国は、核兵器やミサイルを開発し、独裁体制を続ける北朝鮮を擁護し、経済的にも援助をしている。もし、北朝鮮が韓国と統一したら、経済力と人口で勝る韓国が主導して朝鮮半島の統一が実現することになろう。それでは、米国と軍事同盟を組む韓国が、中国と直接的に国境を接することになる。

金正恩政権が崩壊してしまうと、このリスクシナリオが実現しかねない。そのためにも、国際社会の批判を浴びてでも、中国は金政権を支援するのであろう。

中国が南シナ海にこだわる理由

中国が南シナ海にこだわる理由として、歴史的な経緯がある。中国は、南沙諸島、西沙諸島を中心に、南シナ海の約8割に及ぶ海域の島嶼《とうしょ》を自国の領土であるとする。[4] 南シナ海は、紀元前の漢王朝時代の文献にも登場し、中国の重要な航路して利用されてきた。[5] 明の武将であった鄭和《ていわ》は、中国から、インド、中東、そしてアフリカまで大航海したことで知られる。

19世紀に入って、ベトナムが西沙諸島や南沙諸島の支配権を主張した。１８８４年に、ベトナムはフランスの保護国となり、フランス・ベトナムと中国が領有権をめぐって対立することになる。１９５０年代に、フランス軍がベトナムから撤退し、中国が西沙諸島の半分を占拠した。[6] 米軍がベトナムから撤退したため、１９７４年には、中国が、西沙諸島の全域を支配した。１９８０年代に、南沙諸島に進出し、その後、徐々に、支配地を広げ、現在に至る。

つまり、中国から遠く離れた南シナ海が中国の領土であるという主張は、あながち荒唐無稽ではない。一方で、南シナ海の諸島をめぐって、中国、台湾、ベトナム、マレーシア、フィリピン、ブルネイも、領有権を主張しているが、国際的には、関係当事国で解決すべき問題とみなされており、米国は、航行の自由を主張している。

習近平が提唱する一帯一路構想

中国が南シナ海にこだわるもう1つの理由として、政治的、経済的要因がある。南シナ海は、中国の国際戦略上、重要性が高い。それは、2013年に習政権が提唱したシルクロード関連構想（一帯一路）の一翼をこの水域が担うからだ。

古代シルクロードの精神を受け継ぐ一帯一路は、ハートランドを東西につなぐ計画でもある。一帯一路は、以下によって構成される。[7] いずれも、南沙諸島がある南シナ海の重要性は高い。

シルクロード経済ベルト

これは、①中国―中央アジア―ロシア―欧州（バルト海）、②中国―中央アジア―西アジア―ペルシャ湾―地中海、③中国―東南アジア―南アジア―インド洋、をそれぞれつなぐ3つのルートである。

21世紀海上シルクロード

これは、①中国沿岸港―南シナ海―インド洋―欧州、②中国沿岸港―南シナ海―南太平洋の2ルートである。南シナ海も対象となっており、ASEAN諸国との経済関係強化を目指す。

一帯一路は、これまで、中国国内で進められてきた西部大開発を、欧州・アジアの内陸地域や、さらには欧州地域全体にまで広げる構想である。中国のシー・パワーとランド・パワーの側面を組み合わせたものとも言える。[8]

また、一帯一路は、経済政策としても重要だ。中国の対外開放戦略の一環であり、「新常態（ニューノーマル）」経済に移行した中国にとって、景気刺激策として期待されている。ＡＳＥＡＮ、中央アジア、ＥＵとの自由貿易協定（ＦＴＡ）の締結促進、貿易拡大を目指す。

一帯一路の資金源として、中国が主導して設立したアジアインフラ投資銀行（ＡＩＩＢ）が主要な役割を果たす。ＡＩＩＢに参加する57ヵ国の中には、一帯一路のルートに位置する国が多い。また、２０１４年に、中国政府が出資し、シルクロード基金が設立された。新開発銀行（ＮＤＢ　ＢＲＩＣＳ）も、２０１４年に設立され、インフラや持続可能な開発プロジェクトを支援する。原加盟国は、ブラジル、ロシア、インド、中国、南アフリカである。

このように、南シナ海は、単にこの地域の石油資源が重要であるからとか、国内の不満をそらすためといった理由だけで重要なのではない。結論として、少なくとも、習政権が続く２０２３年までは、一帯一路構想の一環として、南沙諸島への関与を強め続けることだろう。

2

習近平の権力掌握は進む

チャイナセブンとは何か

中国は、経済こそ資本主義をかなり導入しているが、政治的には、依然として、共産党独裁である。最高指導者は、国家主席（政府のトップであり、国家元首）、中国共産党総書記（党のトップ）、党と国家の中央軍事委員会主席（軍のトップ）の4つの職を兼任する。ただし、日本の国会に相当する全国人民代表大会が、建前としては最高の国家権力機関である。

国家主席の任期は5年であり、一度だけ再任可能となっている。つまり、国家主席の任期は、最大2期10年となる。日本の総理大臣に相当するのは国務院首相であり、中国国務院は最高国家行政機関である。

長い歴史の中で、実質的に最も重要なポストは、軍の統帥権を持つ共産党中央軍事委員会主席である。軍をコントロールする国家と共産党の中央軍事委員会は同一の機構になっている。中国軍は、国の軍隊である前に、党の軍隊だ。日本に例えれば、自民党が軍隊を持っているようなものである。

図表5-1　中国の政治体制

立法機関	国家主席	国家元首に相当	習近平
	全国人民代表大会常務委員会委員長	立法権を行使する最高の国家権力機関	張徳江
行政機関	国務院首相	最高の国家権力執行機関	李克強
軍事機関	中央軍事委員会主席	中国軍の最高統帥機構	習近平
司法機関	最高人民法院院長	日本の最高裁に相当	周強
検察機関	最高人民検察院検察長	国家の法律監督機関	曹建明

（出所）外務省、新華社

戦後、共産党軍が、国民党軍を破って、国家統一した。日本に例えれば、自民党軍が民主党軍を破って、天下統一したというイメージである。つまり、共産党軍があってこそ、共産党政権がある。だからこそ、軍のトップである党中央軍事委員会主席は、たいへん重要なポストである。建国後66年間で、党中央軍事委員会主席は、毛沢東、華国鋒、鄧小平、江沢民、胡錦濤、習近平と6名しかいない。

たとえば、鄧小平は国家副主席に過ぎなかったが、党中央軍事委員会主席として、実質的にトップの地位にあった。ただし、現在では、軍のトップと党のトップは同一人物であるため、最高権力者は習近平のみということになる。

中央政治局常務委員会は、中国共産党の最高指導組織の1つであり、中国の実質的な最高意思決定機関である。常務委員会において選出される総書記が現在の中国共産党最高指導者となる。常務委員会の

図表5-2　中央政治局常務委員

委員	役職	年齢
習近平	中国国家主席、中国共産党総書記、 党・国家軍事中央委員会主席	62
李克強	国務院総理	60
張徳江	全国人民代表大会常務委員会委員長	69
兪正声	中国人民政治協商会議全国委員会主席	70
劉雲山	中国共産党中央書記処常務書記	68
王岐山	中国共産党中央規律検査委員会書記	67
張高麗	国務院常務副総理	69

（注）年齢は、2015年末現在
（出所）新華社

委員は、現在、7名で構成される。事実上の最高意思決定機関なので、チャイナセブンと言われる。

共青団対太子党

2012年に発足した習近平体制は盤石に見える。現政権の常務委員会の委員は、7名で構成されるが、李克強首相を除く6名は、習近平に近いと言われる。

中国の政治には、以下のように、大きな流れが2つある。ただし、中には、共産主義青年団であり、太子党でもあるという例があり、必ずしも明確な区別があるわけではない。

共産主義青年団（共青団）

共産主義青年団とは、共産党による指導のもと14歳から28歳の若手エリートで構成される青年組織だ。李克強首相は、胡錦濤と同じく共青団に分類される。共産党高級幹部を育成するためのエリート養成所であり、そのトップである中央書記処第一書記は、将来の共産党幹部になるコースである。

胡耀邦元総書記、胡錦濤、李克強、そして、次期国家主席の最有力候補である胡春華は、いずれも第一書記経験者である。そして、早い時期から英才教育を施す。たとえば、李克強は、北京大学時代に、選抜されて、当時の自民党の若手エリートだった小沢一郎（その後、自民党幹事長）の岩手の実家にホームステイしている。

中国は、隋の時代に始まった科挙（高級官僚を登用するための試験）の伝統を持つ。地方出身でも、成績が優秀であれば実力で、官僚機構のトップに上りつめることができた。共青団は、試験で全国から勝ち上がって超一流大学に入った秀才たちを早い段階で選抜し、共産党高級幹部を養成する役目を持つ。

このため、共青団のメンバーは、トップクラスの大学を卒業した頭脳明晰なエリートが多い。つまり、家柄にはあまり影響を受けず、実力でのし上がってきた秀才中の秀才の集まりである。

太子党

太子党は、中国共産党の高級幹部の師弟グループで、特権的地位が与えられる。太子とは、プリンスという意味であり、皇太子の太子と同じ意味である。故習仲勳副首相を父に持つ習近平は、太子党に分類される。

太子党の親の世代は命を懸けて、日本軍、そして国民党と戦った。しかも、文化大革命中に、太子党の世代は「上山下郷運動（下放）」の対象になった。下放とは、都市部の青年を農村部に移住させ、生産活動に従事させることだ。習近平も、陝西省での下放を経験し、穴ぐらのような住居で生活していた。日本の二世議員や世襲の政治家と異なり、過酷な扱いを生き抜いてきた太子党は、単なるプリンスではない。

上海閥は、江沢民が総書記に昇格した後、上海時代の側近を多く登用したことに始まる。上海市党委員会書記だった習近平は、上海閥であり、かつ太子党である。ただし、江沢民や李鵬元首相の高齢化に伴い、上海閥の勢力は衰えつつある。

常務委員会の7名中6名は、太子党、あるいは上海閥である。その意味でも、習体制は盤石であろう。

次期チャイナセブンの予想

中国の政治に関して、今後の最大の注目点は、2017年のチャイナセブンの入れ替えだ。党則通り、68歳定年制が適用されれば、2017年の中国共産党全国代表大会において、習近平と李克強を除く、常務委員7名中5名が引退する。

常務委員会に入る要件としては、68歳の年齢制限に加えて、党中央や国務院の部長級の職と地方の党委書記の両方の経験を有することが重要であると言われる。[9] 女性で、常務委員になった者はおらず、近年は軍人で常務委員会に入った者はいない。

次期国家主席の本命である胡春華（広東省委書記）と、次期首相の本命である孫政才（重慶市委書記）は常務委員に昇格する可能性がある。胡春華は、李克強同様、共青団であり、胡錦濤の直系である。中央の経験はないが、チベットや内モンゴルなど少数民族自治区の経験が長く、現在、広東省委書記である。

胡春華は、北京大学出身であり、53歳である。つまり、予想通り、習近平の後任の総書記になるのであれば、2022年の就任時に59歳となる。ちなみに、習近平は国家主席就任時に59歳だった。

また、江派の賈慶林元北京市長に抜擢され、農業大臣になった経歴を持つ孫政才は、習近平に近いとされる。北京市農林科学院、農業部長（大臣）、吉林省委書記を務めた。中国農業大学出身（農業博士）で、同じく53歳である。

中央政治局常務委員の下に位置するのが、中央政治局委員25名（常務委員7名含む）、その中から、次の常務委員候補者として、李源潮（国家副主席）、汪洋（国務院副総理）、劉奇葆（党中央宣伝部長）、張春賢（新疆ウイグル自治区委員会書記）、趙楽際（党中央組織部長）、栗戦書（党中央弁公庁主任）の名が挙がる。

李源潮と劉奇葆は、胡春華と同様に、共青団中央書記処を経験しており、胡錦濤に近く、地方での経験もある。汪洋は、共青団出身で、胡錦濤に近いが、副総理以前に中央での経験はない。

このように、習政権前半と異なり、後半は、共青団がチャイナセブンの多数を占める可能性がある。仮に、7人中4名以上を共青団が占めれば、現ナンバーツーの李克強、次期トップの胡春華を中心に共青団の力が増すことがあり得る。その場合、習近平がレイムダックになるおそれが出てくる。そのため、2017年のチャイナセブン入れ替えの重要性は高い。

習近平政権による権力掌握と汚職撲滅

2017年のチャイナセブン入れ替えを有利に運ぶためにも、習近平は、以下により、権力を掌握しつつある。

人事権の行使

習近平は、情報統制、国内経済改革、軍隊改革を重視し、領導小組と呼ばれる部門横断的な組織を次々と設立し、自らが組織のトップに就任している。領導小組とは、党・政府・軍などの内部につくられる政策調整グループである。[10] 習近平は、下放・学生時代の友人や、地方時代の部下を主要ポストに起用している。

汚職撲滅と綱紀粛正

石油利権を背景に「石油閥」の中心人物であった周永康前常務委員が、汚職などで摘発され、無期懲役となった。胡錦濤政権で中央軍事委員会副主席（中国軍制服組トップ）だった徐才厚が摘発されたが、その後死去した。胡錦濤の側近だった令計画も、無期懲役判決が下された。党最高指導部にあたる常務委員経験者や軍のトップが摘発されるのは前例がない。共産党の幹部の捜査、摘発は、一般の警察や検察ではなく、共産党中央規律検査委員会が担う。常務委員でもある王岐山が書記として管轄している。つまり、一連の綱紀粛正は、政府機関ではなく、共産党自身が行っており、習政権の強い意志によって行われていることになる。

党中央規律検査委員会が、刑事事件に抵触すると判断した場合、検察院に引き渡す。全国人民代表大会での報告によれば、2015年に、汚職摘発を受けた公務員は5万人を超える。そのうち、大臣級は41人であった。汚職摘発の対象は、江沢民、胡錦濤につながる政治家、党官僚、高級軍人、企業家など多岐にわたる。[11]

習政権は、反腐敗運動で大衆の関心を集め、政権の求心力を高めてきた。今後も、綱紀粛正は続くことだろう。ただし、仮に、汚職摘発が想定以上に拡大すれば、政府、党がコントロールできないほど拡大するおそれがある。その結果、社会の不満が爆発し、社会不安が政治の混乱につながる可能性がある。

これが、少数民族の不満に結び付いて拡大するおそれもある。最近、チベットやウイグルで、少数民族による暴動や爆弾事件が起きている。辺境の地で爆弾事件が起きている間は大きな影響はないが、それが北京や上海などの大都市に拡散しないとは言い切れない。

2012年の日本政府による尖閣諸島の国有化の直後、反日暴動が起こったが、部分的ではあるものの、反日という名の下に、反政府運動が行われていた。やがては、反日暴動が反政府運動に転化することもあり得よう。

習政権は、一旦、パンドラの箱を開けた以上、後戻りはできない。中国でも、インターネットの発達とともに、人の口には戸を立てられないようになってきた。ウクライナでも、汚職や民族対立が政権転覆の原因になった。今後も、中国の汚職問題や民族対立に注目が必要であろう。

小括：中国経済の行方は政治次第

日本では、中国経済に対する不安感が強い。しばしば、「中国の不動産バブルが崩壊する」、「中国の金融機関は莫大な不良債権を抱える」、「経済統計は信頼性がなく、実態はもっと悪い」という意見が言われる。確かに、中国の経済統計が信頼できないことは事実なので、中国経済の実態は誰にもわからない。ただし、経済成長率が緩やかに鈍化していることは確かだろう。

図表5-3　中国の経済成長率と需要項目別寄与度の推移

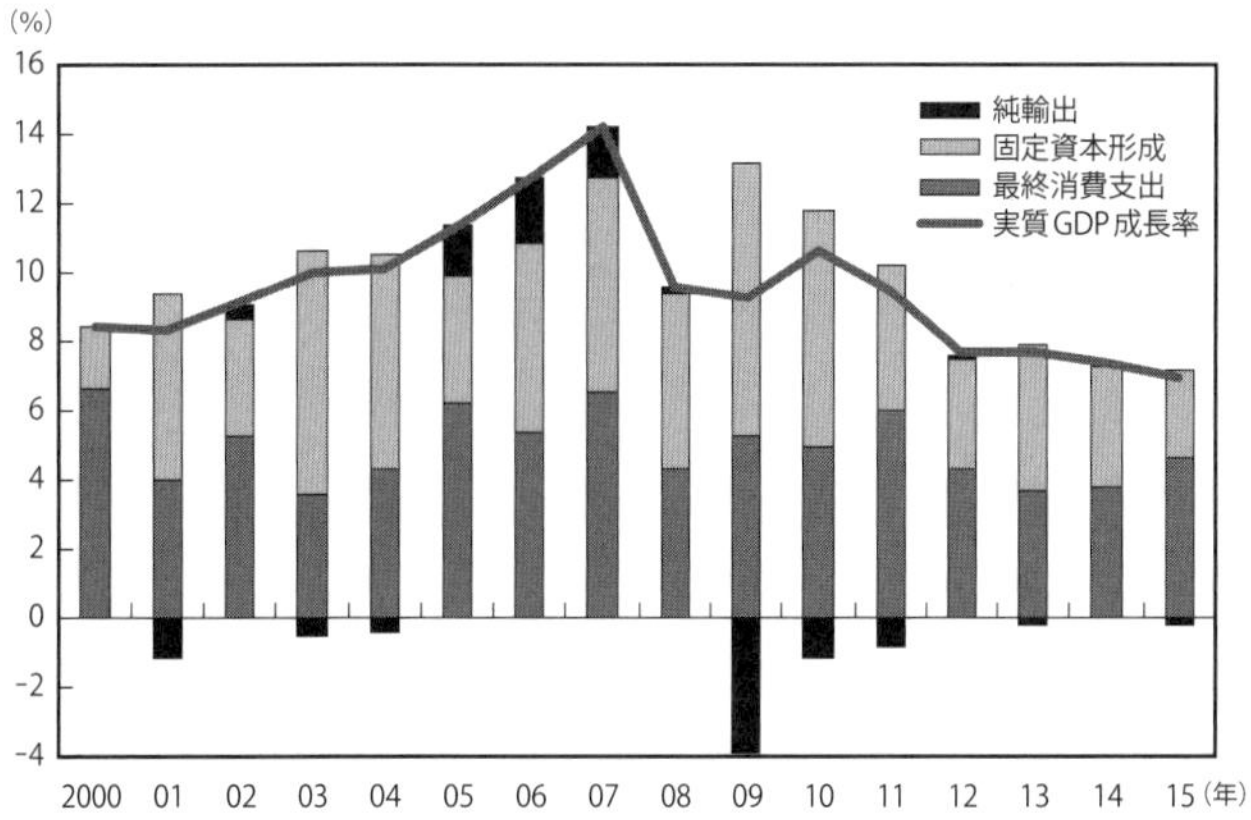

（出所）中国国家統計局

様々な経済指標の中で比較的信頼性が高いのが、国際収支統計だ。これは相手方があるため、極端な操作はできない。これによると、中国の経常黒字は急拡大しつつある。これは、経済成長率の下支え要因になる。

2015年の経常黒字は33兆円と、ドイツ、サウジアラビア、日本などを上回って、世界1位に返り咲いた。貿易黒字は57兆円にも達した。輸出は若干減ったが、内需の減速、資源エネルギー価格の下落により、輸入が大きく減った。中国は、石炭を除き、これらの資源エネルギーの多くを輸入に頼っているため、これらの価格下落は貿易黒字増加に直結する。このため、一時期、下落気味だった人民元相場は、安定しつつある。

株価も一時乱高下したが、やや落ち着いてきた。株式市場の時価総額上位は、金融、通信、石油が占める。しかし、最近、インターネットサービスを中

図表5-4　中国株と人民元対ドル相場の推移

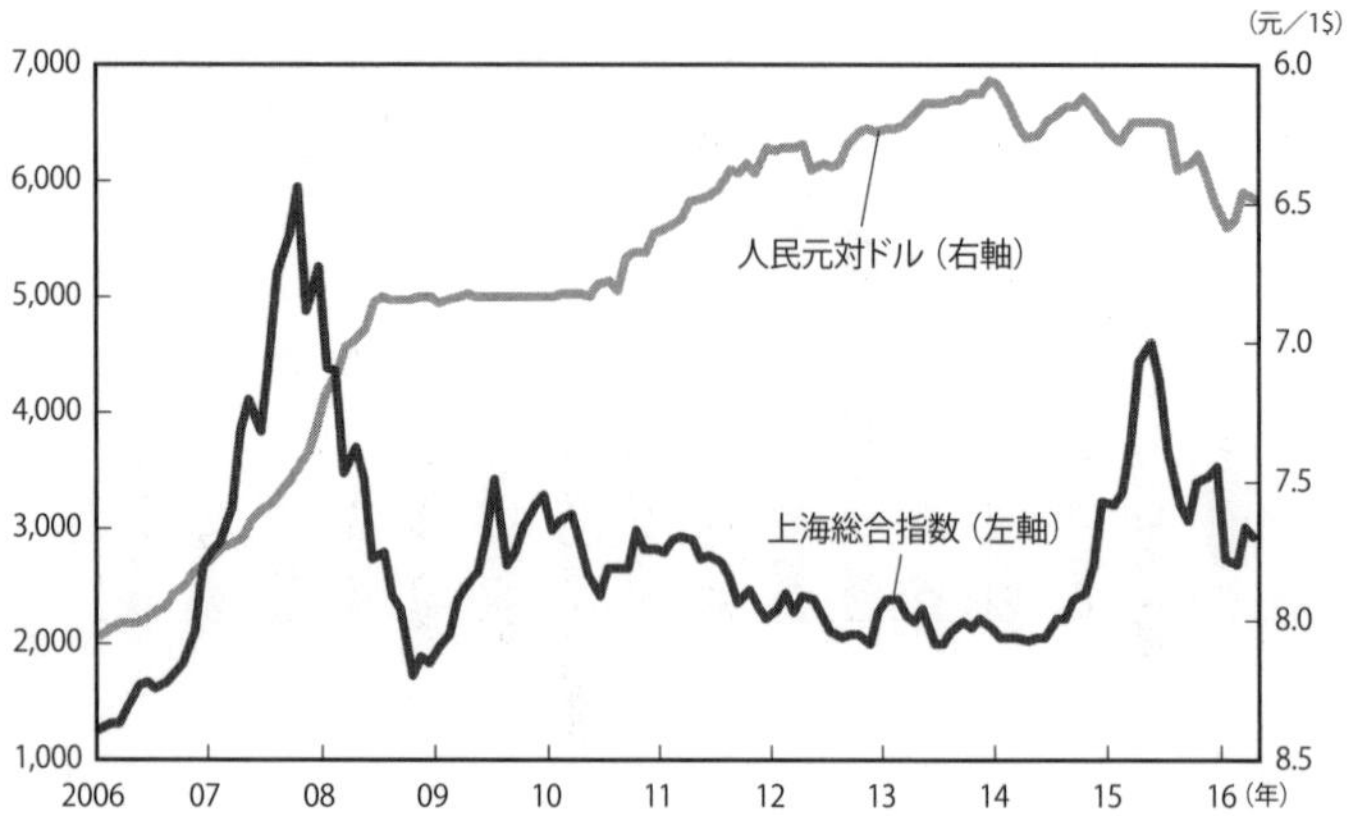

（出所）ブルームバーグ

心とする情報通信が成長している。アリババ・グループ・ホールディングス、テンセント・ホールディングス、バイドゥの時価総額は、日立製作所やソニーなどの時価総額を大きく上回っている。

為替相場は、弱含みで推移しているが、人民元安は経常収支の改善を通じて、中国の景気にはプラスだ。今のようにゆっくり下がるのは、むしろ望ましい。

結果として、中国の株式、為替相場は安定しつつある。経済に不安要素があることは事実だが、政治的に安定していれば、政府が景気対策を発動することだろう。経済は資本主義、政治は共産主義であり、習政権が安定している以上、景気の激変リスクは小さい。その点でも、金融市場の分析には、中国の政治情勢の分析が欠かせない。

［注］

1　尾形勇、岸本美緒編『中国史』（山川出版社、1998年6月）68ページ参照。
2　尾形勇、岸本美緒編『中国史』（山川出版社、1998年6月）14ページ参照。
3　濱下武志、平勢隆郎編『中国の歴史——東アジアの周縁から考える』（有斐閣アルマ、2015年3月）12ページ参照。
4　森聡「国際情勢を読み解く②南シナ海——開放的な海洋秩序を形成できるか」（『外交』Vol.4、2011年7月）
5　山口開治「西沙、南沙諸島の領有問題（一）——第二次大戦までの歴史的経緯」（『国士舘大学政経論叢』平成4年第4号（通号第82号））
6　防衛省「南シナ海における中国の活動」（2015年12月22日）
7　国家発展改革委員会外交部商務部「シルクロード経済ベルトと21世紀海上シルクロードの共同建設推進のビジョンと行動」（2015年3月30日）
8　防衛省防衛研究所「第4章　中国——政権維持に腐心する中国共産党指導部」『東アジア戦略概観』（2016年3月）112ページ参照。
9　防衛省防衛研究所「第5章　中国——次世代指導部を見据えた第18回共産党大会」『東アジア戦略概観』（2013年3月）167ページ参照。
10　防衛省防衛研究所「第3章　中国——習近平政権の積極的な内外政策」『東アジア戦略概観』（2015年3月）96ページ参照。
11　防衛省防衛研究所「第4章　中国——政権維持に腐心する中国共産党指導部」『東アジア戦略概観』（2016年3月）107ページ参照。

第6章

地政学リスクで揺れる世界の金融市場

1

長引くマイナス金利が投資に与える影響

地政学リスクの高まりは金利低下要因

米国新大統領の登場によって、地政学リスクが、今後、さらに高まる可能性が考えられる。クリントン、トランプとも、外交・安全保障方針は、いずれも「国内回帰」であるため、世界のリスクは高まるおそれがある。そして、リスクオフは、円高、株安要因となる。

米国新大統領は、国内産業保護を重視すると見られる。このため、仮に、急激な円高時に財務省及び日銀が円売り介入を実施すると、大きな日米摩擦になりかねない。つまり、円高になったとしても、米国が加わった形で、為替の協調介入が実施されることは期待できない。よって、将来、急激に円高が進むリスクがある。

サウジアラビア、イラク、イランなど主な中東産油国の結束力が弱まっているので、OPECの原油価格支配力が低下している。原油価格が弱含めば、インフレ率が下がり、つれて、金利は低水準が続くことになる。

世界経済が緩やかに減速しており、その上、株式相場もピークアウトしている。そこに、地政学的なリスクが高まるのであれば、世界の金利がかなり長い期間低水準にとどまることが想定される。

２０１６年に、日銀がマイナス金利導入を発表すると、株式市場は大きく乱高下した。これは、マイナス金利の制度がたいへん複雑であるため、プロでも直ちには消化し切れなかったということだ。一般に、地政学リスクが高まれば、低金利は長く続く。よって、マイナス金利と市場の低迷はかなり長期化する可能性がある。

そこで、第６章では、マイナス金利が市場に与える影響を分析する。

低下し続ける世界の金利

世界的に、金利は、長期低下傾向にある。その最大の理由は、以下の通りだ。

世界的なインフレ率の低下

世界のインフレ率低下の理由は、主に、グローバリゼーションとＩＴ技術の革新である。現在、世界中から最も安いものをインターネットで買うことができる。また、低い賃金を求めて、企業が世界中に進出している。ＩＴ化は、在庫のコストを減らし、配送などを効率化する。このように、あらゆるコストが下がっていく。

図表6-1　G7の長期金利とインフレ率の推移

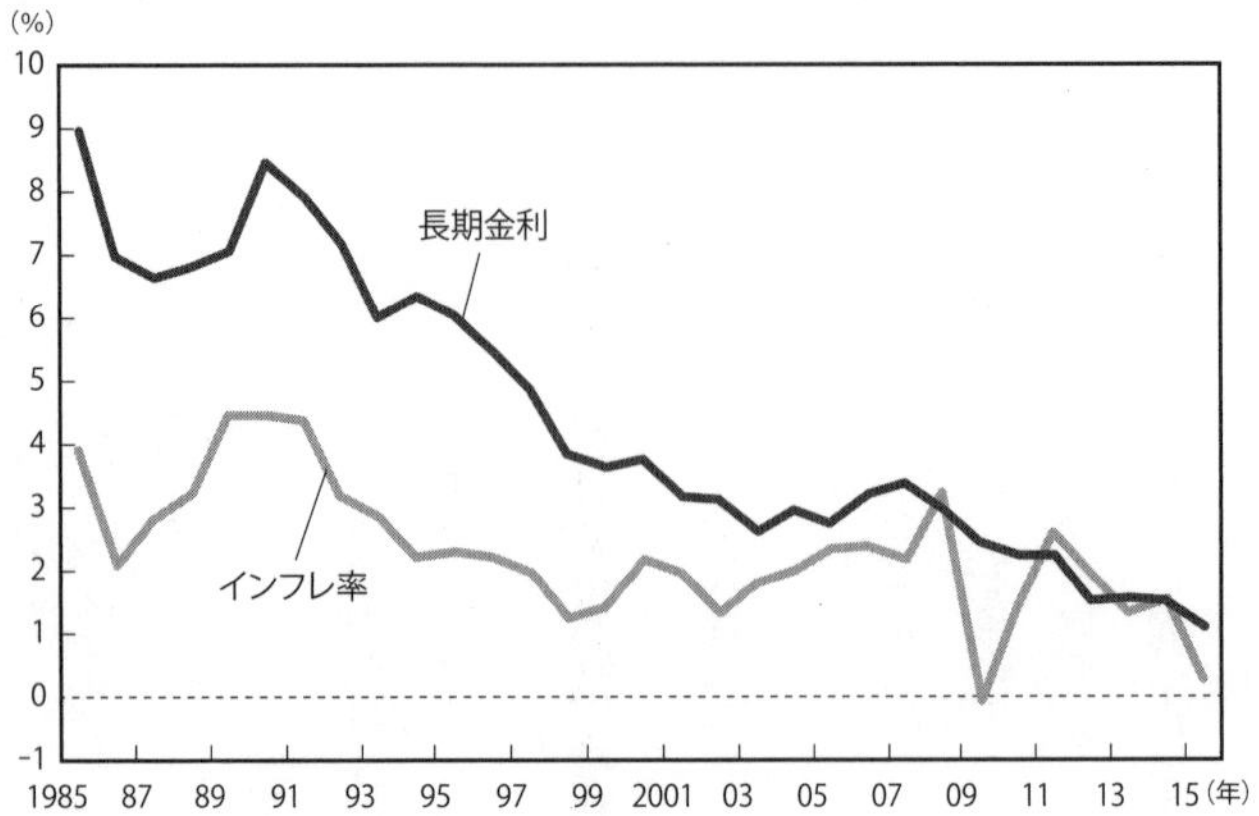

（注）長期金利は、シティ国債インデックス（G7、残存7-10年）
（出所）IMF、シティグループ証券

世界的な経済成長率の低下

世界最大の経済規模を持つ米国成長率は鈍化し、その上、ギリシャ危機後の欧州の低迷は続いている。中国やブラジルやロシアなど新興国の経済成長率も大きく低下している。

金融政策に依存した経済政策

リーマン・ショック後、主要国の財政赤字が膨らみ、財政政策を発動することが困難になった。そこで、金融緩和に過度に依存した経済運営を実施している。

日本の金利の歴史

同様に、日本の金利も長期的に下がってきた。日本がゼロ金利になったのは1990年代後半のことだった。1997年には、タイの不動産バブル崩壊をきっかけに、アジア危機が発生し、日本では、山一證券、北海道拓殖銀行などが破綻して、戦後最大の金融危機が発生した。そして、1998年は、ロシア危機、LTCM危機、そして、日本長期信用銀行や日本債券信用銀行が破綻するなど、世界的な金融危機が発生した。

当時、筆者は、「このような異常事態時には、異常とも言えるようなゼロ金利政策導入はやむを得ない。やがて、危機が収まれば、金利も正常化することだろう」と思っていた。ところが、小泉純一郎政権下（2001年~2006年）で、日本経済は史上最長の景気拡大期間を記録したが、それでも、ゼロ金利から脱却することはできなかった。

「異常時の異常な政策」と言われたゼロ金利政策だったが、その後、長期化し、永遠にゼロ金利が続くのではないかと思われた。大ヒット映画「永遠のゼロ」をもじって、金利は「永遠のゼロ」と皮肉られたものだった。

しかし、「永遠のゼロ」と言われた日本のゼロ金利は突如として、終わりを迎えた。それは、2016年に、日銀がマイナス金利を導入したからだ。

マイナス金利導入に踏み切った日銀

2013年に、日銀が「異次元の金融緩和」（黒田バズーカ第1弾）を発表した。これは、日銀が国債を大量に買って、民間のマネーを供給することを目指した。そして、銀行などが国債の売却代金の多くを日銀当座預金に預けた。日銀当座預金とは、日銀に対し取引先の金融機関が預けている当座預金である。当座預金等のうち、超過準備（法律上義務づけられた金額以上）に利息がつけられる（付利0・1％）。

ところが、黒田バズーカがさく裂して3年以上たっても、インフレ率はゼロ％前後と、インフレ目標の2％に遠く及ばない。インフレ目標を達成するために、日銀は、年間80兆円の国債を購入しているが、新規国債発行額は年間34兆円（2016年度予算）にとどまる。つまり、日銀は市場からネットで年間46兆円も国債を買い上げることになる。

このペースで、日銀が国債を買い続けると、10年後くらいには、すべての国債を日銀が買い占めてしまう計算になる。このため、これまで、市場は、国債購入に過度に依存する日銀の金融緩和策には限界があると見ていた。

そこで、日銀は、マイナス金利を導入した。日銀は当座預金を、以下の3段階の階層構造に分割した。

基礎残高

0・1％の付利がつく。これが、全体の準備預金全体の70％～80％を占める。

マクロ加算残高

金利はゼロである。所要準備、貸出支援基金などである。

政策金利残高

当座預金が新規に増える部分である。全体の10%~20%であり、これにマイナス金利(△0・1%)を適用する。

つまり、これまでの当座預金のほとんどに利息はつくが、今後の追加分は銀行が逆に利息を払うことになる。もし、銀行が国債を売った代金を新規に日銀に預けると、事実上の罰金がつく。そこで、銀行は、罰金を払うくらいならば、民間に貸し出しを増やすだろう、というのが政策の狙いだ。

欧州のマイナス金利の効果は限定的

マイナス金利導入は、海外で導入例がある。大陸欧州の政策金利(準備預金)は、すべて、マイナス金利になっている。

2012年にデンマーク(2014年に半年間プラスに転換)、2014年にスウェーデン、ユーロ圏、2015年にスイスが導入した。しかも、マイナス幅をどんどん拡大している。特に、スウェーデンは△1・25%と極端なまでのマイナス金利を採用している。ところが、これらの国のインフレ率は、低いままだ。また、銀行貸し出しが伸びているわけでもない。

マイナス金利は、通貨下落効果があると見られがちだが、実際はその逆だ。マイナス金利の国の通貨は円を筆頭にすべて強い。逆に、高金利通貨はブラジルレアル、ロシアルー

図表6-2　欧州のマイナス金利（準備預金）の推移

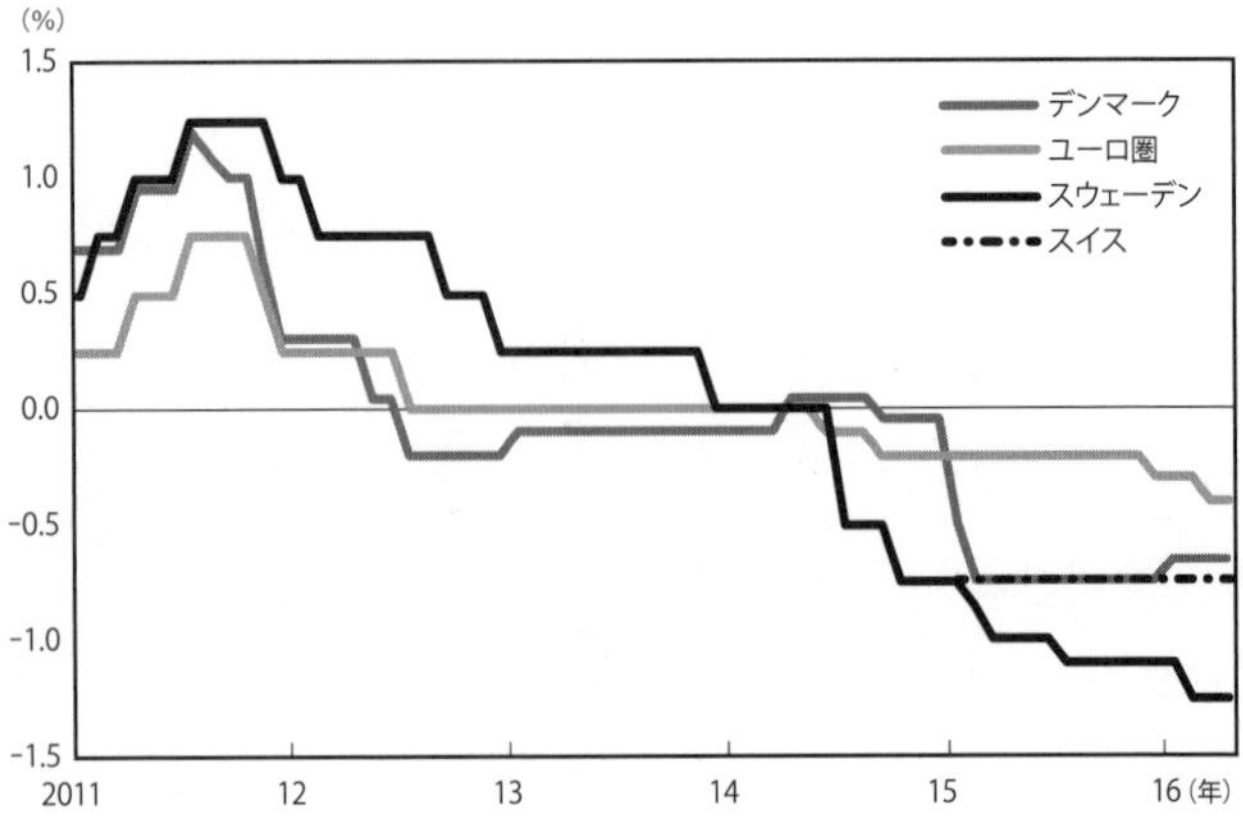

（出所）各国中央銀行

ブル、南アフリカランドなどは弱い。このように、金利を下げたら通貨が下がるほど、為替相場は単純ではない。

マイナス金利の本来の目的であるインフレ率引き上げ、あるいは銀行貸出増加という点では、目立った効果は確認できていない。マイナス金利の効果が大きかったら、すぐにプラス金利に戻るはずだ。しかし、効果が限定的であるため、欧州のマイナス金利は長期化しており、かつマイナス幅が拡大している。

日銀はマイナス金利幅を拡大へ

日本の場合、マイナス金利発表を受けて、しばらく円安になったが、その後、円がドルに対して大きく上昇した。つれて、株安になった。つまり、「マイナス金利＝円高、株安」だった。

イメージとしては、「金融緩和＝円安、株高」だ。

しかし、理論的には、「マイナス金利＝円高、株安」となる。以下がそのプロセスだ。

1. 日銀がマイナス金利幅を拡大すると、銀行の業績が悪化するので、銀行株が大きく下がる。
2. 銀行株が大きく下がれば、日経平均株価は大きく下がる。
3. 株安は、リスクオフ要因なので、円高になる。
4. 円高になると、トヨタ自動車など輸出関連株が大きく下がる。
5. 輸出関連株が大きく下がれば、日経平均株価は大きく下がる。

もちろん、最初のマイナス金利導入時に、大幅な円高、株安になったので、今後、日銀が単純にマイナス幅を広げることはないだろう。株価指数連動型投資信託（ETF）や不動産投資信託（REIT）の購入増など、他の手段によって、マイナス金利のネガティブな要因を中和しようとするのではないか。このため、次回、マイナス金利幅を拡大した際に、円高、株安になるかどうかは不明である。

日本でも、大陸欧州同様に、マイナス金利の長期化が考えられる。日銀黒田東彦総裁は、「必要があれば、マイナス幅を拡大する。インフレ率2％達成のためには何でもやる。戦力の逐次投入はしない」と繰り返し明言している。

マイナス金利は長期化しよう

黒田総裁の任期満了は、2018年4月8日である。よって、今後も、日銀は、年に一、二度、追加の金融緩和、すなわちマイナス金利幅の拡大を実施する可能性がある。ちなみに、シティグループ証券は、2019年までマイナス金利が続くと予想している[1]。そして、その後も、マイナス金利が長く続く可能性は否定できない。

日銀法上、黒田総裁は再任可能だ。実際に、過去2名、再任された例がある（一萬田尚登、山際正道）。しかし、常識的には、任期満了をもって、黒田総裁は交代することになろう。黒田総裁任期満了時も、安倍首相である可能性が高い。安倍首相の自民党総裁としての任期は2018年9月末までだ。安倍首相の支持率は依然として高く、しかも、他に有力な首相候補はいない。よって、次期日銀総裁も、安倍首相が選ぶ可能性が高い。

次期総裁の有力候補として、日銀出身の中曽宏副総裁の名前が挙がっている。中曽副総裁は、黒田総裁を一貫して支え、異次元の金融緩和を実行してきた。歴史的に、日銀出身者と財務省出身者が交代で総裁を務めた時期が長かったので、最も順当と言えるであろう。

しかし、他にも有力候補がいる。コロンビア大学伊藤隆敏教授は、著名な経済学者だ。第一次安倍政権時の経済財政諮問会議の民間委員を務め、日銀副総裁候補にもなった。いずれにしても、次期総裁もマイナス金利推進論者が選ばれる可能性がある。

しかも、日銀の政策決定機関である政策委員会の9名のメンバーは、2017年までに、すべてリフレ論者に切り替えられるだろう。マイナス金利導入は5対4で可決されたが、今後、2年以内に反対票を投じた審議委員はすべて任期満了になる（任期は5年）。このため、2020年を超えて、リフレ論者が政策委員会の多数を占めるだろう。

以上を総合すると、マイナス金利が予想外に長引く可能性がある。

2

マイナス金利で日本株は上がる

意外にマイナス金利で恩恵は大きい

日銀が導入したマイナス金利は、一般に、評判があまり芳しくない。無論、マイナス金利はネガティブな要素もあるが、日本経済にとって総合的にはプラスの要素も多い。適切な政策対応があればという条件付きではあるが、マイナス金利の効果によって、日本株は上昇するだろう。

マイナス金利では、借金が多いとその恩恵が大きい。それでは、日本で最も借金が多いのは誰か。言うまでもなく、政府（＝国民）だ。よって、国民の恩恵は大きい。

マイナス金利とは何を意味するのか。それは、借金をすると国が儲かるということだ。普通国債の発行残高は838兆円であり、その利払費は今年度10兆円と見込まれる（金利は1・2％の前提）。しかし、実際には10年国債の金利はマイナスなので、今後、急速に利払費が減っていくだろう。

もちろん、こんな異常なことが永遠に続くはずもない。そこで、せっかくのマイナス金利の機会を利用して、日本の長期的な成長に寄与する投資を短期集中的に実施することが望ましい。資金コストが低いので、大型公共投資の好機であろう。

インバウンドが成長のテーマ

成長戦略として、今後日本経済のけん引役になると予想されるのが、インバウンドだ。アベノミクスの成長戦略は、一般に評価は低い。しかし、ビザ発給条件の緩和や外国人旅行者向け消費税免税制度が大きな効果を表して、観光立国構想は大きな成果を見せている。その結果、安倍政権発足後、訪日外国人数が急増している。

こうした状況は、観光ビザの影響を大きく受けている。2012年に、タイ、マレーシア、インドネシアについて、一般短期滞在数次ビザの発給が開始された。さらに、2013年には、タイ向けに、ＩＣ旅券のビザが免除され、マレーシア向けビザ免除が再開された。2014年には、ＩＣ旅券事前登録により、インドネシアのビザが免除され、

図表6-3　訪日外国人客数の推移

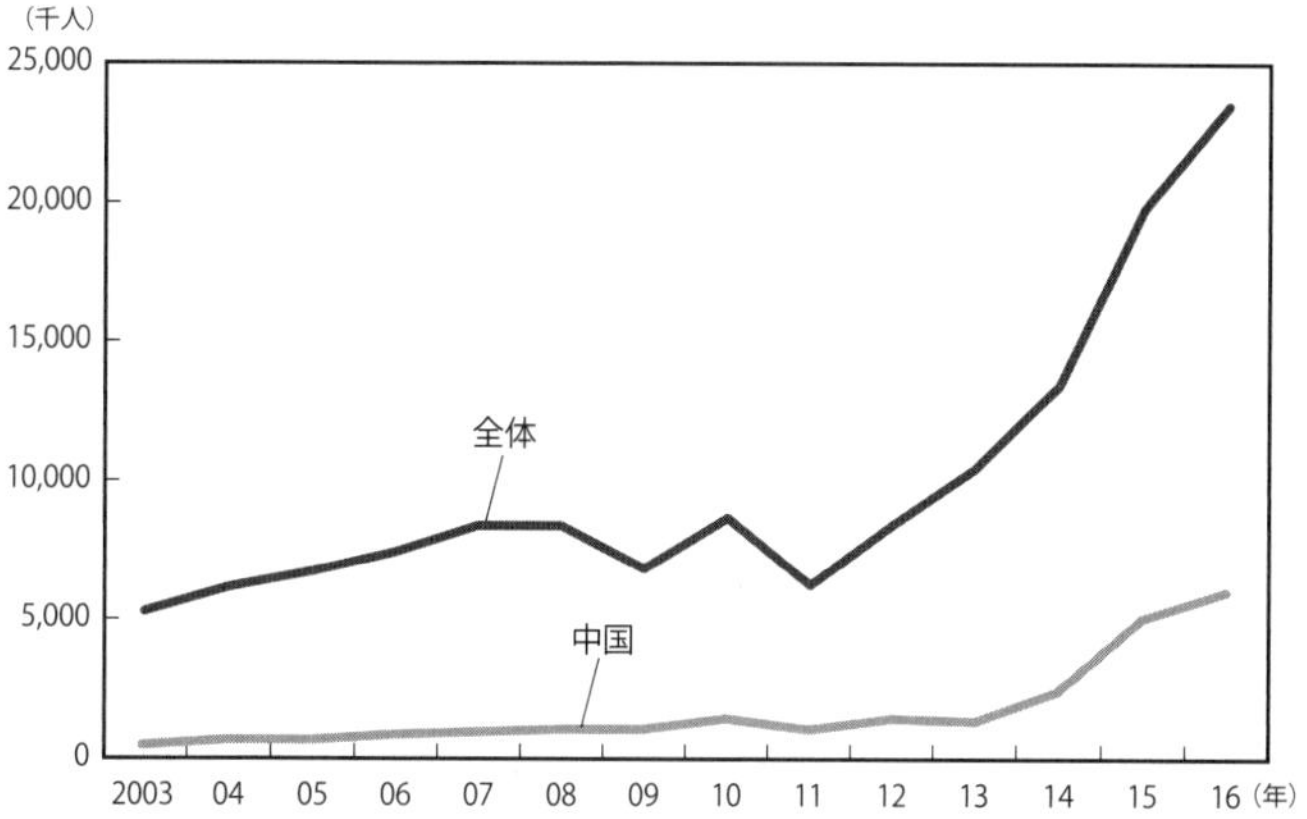

（注）2016年は、1-4年を年率換算
（出所）JNTO

フィリピン、ベトナム向けのビザ要件が大幅に緩和されている。これにより、東南アジアからのインバウンドが急増している。

現在、中国人の訪日は原則としてビザが必要だが、今後、規制緩和が予想される。２００９年に、中国人の個人観光客に対して、観光ビザの発給が開始され、ビザ要件は毎年のように緩和されている。それでも、団体の観光客が中心であることには変わりない。日本人が気軽にビザなしでハワイに行けるように、今後は、中国人もビザが免除されることになろう。

昨年、中国人は４９９万人（前年比倍増）が来日したが、これは中国全体の人口14億人の０・４％に過ぎない。つまり、「中国人の爆買い」と言われるが、まだ、中国人全体で見ればほんのわずかしか来ていないのだ。

訪日人数における中国の構成比は25％だが、消費額では41％を占める。つまり、本物の「爆買い」は、これからが本番であることを示す。中国人は日本でよく金を使う。たとえば、1回の訪日で、韓国人は1人当たり8万円使うが、中国人は28万円も使う。

免税制度の改革の影響が大きい。2014年から、それまで免税販売の対象となっていなかった消耗品（食品類、飲料類、薬品類、化粧品類その他の消耗品）が免税対象になった。これにより、外国人が日本で買い物すると、消費税率8％分が還付される。そして、これまで国際空港にしか見られなかった免税店が、銀座など都心にも出店している。

マイナス金利を生かす政策

2020年に、安倍政権は、訪日外国人客数を4000万人と現在の2倍、消費額は8兆円に増やす計画だ。そこで、インバウンド需要をさらに高めるべく、長期的な視野に立って政府は戦略的に投資すべきであろう。

たとえば、リニア新幹線建設に国費を投入することが考えられる。現在、2027年完成を目指して、JR東海が品川―名古屋間を建設中だ（大阪までは2045年に完成予定、2037年の前倒し検討）。そこで、国が品川―大阪間を2027年までに建設し、それをJR東海に貸与するのも一案である。今のところ、政府による金融支援によって、大阪までの開通を8年間前倒しする案が出ている。

完成後は、現在、30分に1本飛んでいる羽田―伊丹間の航空便はなくなり、両空港の発着枠が各30スロットも空くだろう。そうすれば、空港拡張工事抜きに、それらの発着枠をインバウンド用に振り向けることができる。その際、欧米路線を拡充して、欧米からの訪日客を増やすことも可能だ。

今でも、ビジネスホテルが足らないと社会問題化しているのに、4年後に外国人が年間4000万人やってくるという。特に、東京、大阪、京都ではホテル不足が深刻だ。これを緩和するためにも、全国的に高速交通網を整備し、大都市圏に訪日客が集中しないようにせねばならない。そこで、長崎新幹線、金沢から京都までの北陸新幹線、札幌までの北海道新幹線も、早急に完成させることが望ましい。

爆買いをする中国人は、荷物が多く積めるクルーズ船で来ることが多い（昨年は111万人が船で訪日）。その寄港地は1位が博多港、2位が長崎港だ。そこで、上海から長崎に船でやってきた訪日客が新幹線で京都に行き、帰りに長崎で買い物をして帰るということが考えられる。

中国から新千歳空港を経由して、ニセコでスキーをする客も多い。帰りは、新幹線で倶知安から東京に行って、買い物をして帰るというパターンもあるだろう。あるいは、外国人に人気の高い京都から、北陸新幹線で史跡の多い金沢に行く客も多いだろう。このように、マイナス金利下の公共投資は、インバウンド需要を大いに高めることができる。

かつては、日本が高い国際競争力を持つ分野は、電機、精密機械、医薬品、ロボットな

図表6-4　公示地価（商業地、前年比）の推移

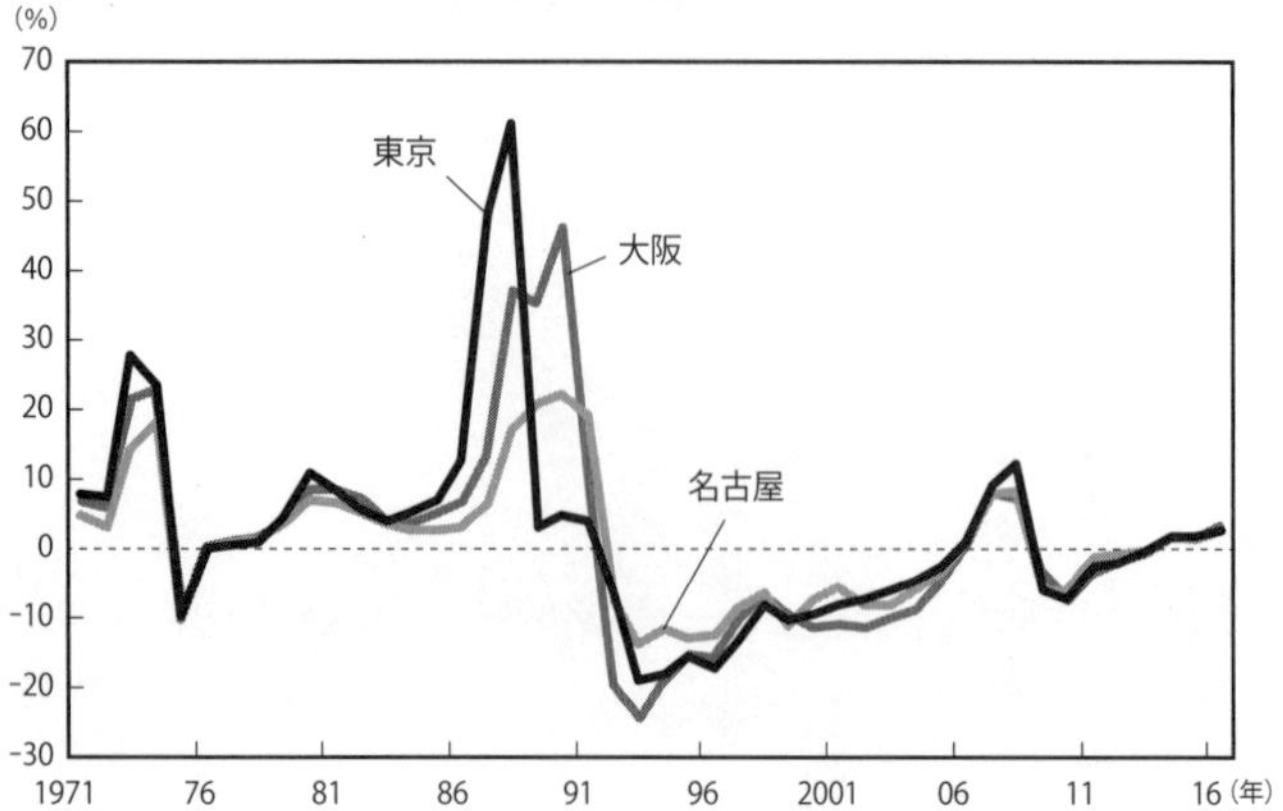

（出所）国土交通省

どのハイテク産業だった。しかし、現在では、日本が世界を圧倒する競争力を持つ分野は、おいしい食事、丁寧なサービス、清潔、安全性、信頼性、便利さといった日本の「おもてなし」だ。加えて、2019年に、ラグビーワールドカップ、2020年に、オリンピックが開催されるため、東京の国際化が進むだろう。

インバウンド増と低金利で、地価が上がってきた。インバウンド増の影響は、不動産市場において顕著に表れている。2016年の公示地価では、中国人でにぎわう大阪の心斎橋の商業地が前年比45％も上昇した。その他、値上がり率上位の多くは大阪だ。そして、銀座の商業地も史上最高（2002年以降）を更新した。

しかも、日本の住宅価格は割安だ。日本不動産研究所によると、香港、シンガポール、上海、台北にある最高級クラスのマンション価格は、東京の1・

3倍～2・1倍にもなる（2014年4月現在）。こうして、不動産においても中国人の爆買いが始まるかもしれない。

インバウンドとマイナス金利の恩恵を受けるリート

年初来4月末（2016年）まで、日経平均株価は12％下落した。しかし、①安定配当株（例：JT）、②ヘルスケア（例：小野薬品、エムスリー）、③建設、不動産、J-REITなど内需関連株、が上昇している。

マイナス金利とインバウンド増の恩恵を最も大きく受けるのが、リートだ。年初来、東証REIT指数は10％上昇した。指数の配当利回りは3・2％であり、日経平均の2・1％を大きく上回る（ブルームバーグ予想）。マイナス金利は、金利負担を減らすため、リートの分配金増につながる。

個別には、リートの中でもインバウンド関連が大きく上昇している。過去5年間で、インヴィンシブル投資法人の株価（正しくは投資口価格、以下同）は7・2倍になった。インヴィンシブルは、住居、ホテルを中心に投資する。かつては、住宅中心だったが、最近では、ビジネスホテルを多く買い、インバウンド需要をターゲットにしている。

ジャパン・ホテル・リート投資法人の株価は、2012年安値から今年高値まで6・4倍になった。ホテル特化型であり、2006年に東証に上場した。2012年に、ジャパ

図表6-5　投資口価格上昇率上位10リート

	銘柄	1年(%)
1	インヴィンシブル	31.3
2	ジャパンリアルエステイト	19.1
3	日本ビルファンド	15.3
4	日本プライムリアルティ	11.1
5	ジャパン・ホテル・リート	11.0
6	大和証券オフィス	10.0
7	大和ハウスリート	8.1
8	GLP	7.0
9	グローバル・ワン不動産	6.8
10	アクティビア・プロパティーズ	6.3

	銘柄	5年(%)
1	インヴィンシブル	623.0
2	ジャパン・ホテル・リート	305.5
3	森ヒルズリート	189.2
4	産業ファンド	156.5
5	大和証券オフィス	139.2
6	日本賃貸住宅	130.5
7	日本プライムリアルティ	108.2
8	いちごオフィスリート	105.5
9	オリックス不動産	104.1
10	日本リテールファンド	103.3

（注）2016年4月末現在
（出所）Astra Manager

ン・ホテル・アンド・リゾート投資法人と合併している。ヒルトン東京ベイ、オリエンタルホテル東京ベイなど、インヴィンシブルよりも、やや高級なホテルを持っている。

年初来上昇率1位（2016年4月末現在）が、いちごホテルリート投資法人（30％上昇）だ。いちごホテルリートは、ホテル特化型で、いちごグループホールディングスをスポンサーとする。2015年11月に、東証に上場したばかりだが、株価は急上昇している。これも、ビジネスホテルを多く買っている。

日銀によるリート購入とマイナス金利は、少なくとも2018年4月の黒田総裁の任期満了まで続く可能性が高い。2020年には、東京オリンピックが開催される。以上を総合すると、リートの上昇は一過性ではなく、長期に持続する可能性がある。

ただし、注意すべき点がある。流動性が乏しい不動産は、価格が乱高下しやすい。東証REIT指数は、2007年高値から2008年安値まで一気に73％も下がった。1990年代のバブル崩壊の歴史もある。安倍首相退任後の金融政策の転換に要注意だ。

小括：アベノミクス相場第2波動が始まった

世界の株式相場が回復する中で、日本株相場の低迷が続いている。最初の2年間は大いにもてはやされたアベノミクスだが、最近では厳しく批判する識者も多い。しかし、筆者は、アベノミクス相場は、新しいステージに突入したと考えている。

2012年衆議院解散から昨年6月高値までのアベノミクス相場第1波動では、日経平均は2倍以上に上昇した。この時の相場上昇の柱は、円安（1ドル75円→125円）の恩恵を受けた輸出関連株（自動車や電機）と「異次元の金融緩和」の恩恵が大きかったメガバンクだった。

ところが、2015年8月以降の円高転換とマイナス金利導入によって、輸出産業とメガバンクの収益が悪化しそうだ。その結果、日経平均は大きく下落した。日立製作所や三菱商事などのグローバル企業、あるいはメガバンクの株価はアベノミクス前の水準まで下がった。こうして、円安と「異次元の金融緩和」を主役とする第1波動は明らかに終わりを迎えた。

アベノミクス相場第2波動のテーマは、「インバウンド」だ。アベノミクスの成長戦略は、一般に評価が低い。しかし、ビザ発給条件の緩和や外国人旅行者向け消費税免税制度が大きな効果を表して、観光立国構想は大きな成果を見せている。マイナス金利とインバウンド政策が融合すれば、商業、サービス、運輸、不動産、建設など内需系産業に大きなメリットがある。

ただし、注意すべき点がある。相場の主役は、時価総額の大きい輸出関連株と銀行から、比較的時価総額が小さい内需関連株に転換した（リートは指数に入っていない）。よって、第2波動では指数全体が大きく上がることは期待しづらい。

米国利上げ観測後退、原油安の収束、中国市場の安定によって、世界の株式相場の回復は続くであろう。ただし、世界的に地政学リスクが高まりつつある以上、大きな株価上昇は期待しづらい。結論として、内需株をリード役に、しかし緩やかに日本株は回復に向かうだろう。

[注]

1 Willem Buiter, "Global Economic Outlook and Strategy," Citi Research, June 29, 2016, p.14

第7章

個人投資家は地政学リスクにどう備えるのか

1

変動率の高まりに身構える個人投資家

投資家の意識は「守り」へ

世界の株式市場は2015年5月に高値をつけて以降、1年以上にわたって高値を更新できていない。高値以降の国・地域別の株価指数パフォーマンスを確認すると、米国の下げは小幅だが、日本、欧州、新興国は大きく下がっている。

一方、欧州に続き日本もマイナス金利を採用したことから、日本及び日本以外のソブリン債（国債）のリターンはプラス、REIT（不動産投資信託）も日米でプラスのリターンとなっている。また株式についても、安定的な配当金の増加を実現している米国の株式で構成されている指数は高値を更新している。この他、コモディティでは、金価格が回復している。

こうしたパフォーマンス格差が生まれているのは、世界経済に対する成長に自信を持てていないことや高成長が期待できる事業分野が限られることに起因している可能性が高い。投資家は株式に対して、大幅なキャピタルゲインよりも、流動性も高く、財務も極めて健全で、配当金や配当金の原資が安定的に成長することに着目する向きが増えている。つまり、「債券のような株式」を求めているとも言える。

また債券市場では、エネルギーセクター以外はハイイールド債券も底堅く、「株式のような債券」としてのニーズは強い。しかし、これとて金融政策が限界に達しつつある中、世界の債券市場に売りの波が押し寄せればどうなるか。不動産や金など実物資産へのニーズが高まっているのは、この懸念へのヘッジとしての側面があるだろう。

地政学的リスクの裏にある内政への反発

2015年高値以降のマーケットの天底をつけた要因を振り返ると、「3つのC」が相場変動要因となってきた。1つ目のCはChina（中国）、2つ目はCommodity（商品市況）、3つ目はCentral Bank（中央銀行）であり、特に2つ目のCは原油価格など資源価格の低下を通じて地政学的リスクを高めていると言える。

地政学的リスクは地理的要因がグローバルな安全保障や経済に与える影響に起因し発生しているが、それは外形的な宗教や民族、文化、地理的要衝などに関わることだけでなく、各国・地域の内政や技術進歩がもたらす所得格差の拡大など制度や社会の歪みと共鳴しているとの視点が重要だ。

すなわち「3つのC」に限らず、グローバルに市場のトレンドが変化してきていることが、市場の将来への期待値や変動率に強い影響を与え始めていると考えることが、現在のマーケットの動きを理解し、今後を予測する上で理解を早めることにつながると考えている。

そのトレンドの変化とは、以下の3点がある。

1．国際政治情勢の不安定化

足元で始まったことではないが、内向きな米国、それに伴う中国ロシアの台頭により、世界の政治経済のリーダーシップの軸が揺らぐことにより、国際協調も不安定となり、国際政治情勢が安定化しなくなってきた。これは、ポピュリズム（大衆迎合主義）の拡大や地政学的リスクの高まりの根源である。

2016年は米大統領選挙、2017年には難民問題を抱える独仏の国政選挙が控えている。英国が国民投票の結果EU離脱に向かう中、独仏においても右派が台頭しており、欧米でポピュリズムは強まることはあっても弱まる兆しはない。外交がおざなりになれば、TPP等広域経済連携やシリアの混迷、イランとサウジアラビアの対立、トルコの情勢などにロシア、中国が口を挟む隙を与え続けることになり、欧米間の団結にヒビが入りかねない。

2．中国政治経済の行方

中国経済が「中所得国の罠」から脱却できるかどうか、中国当局が言うところの「新常態」に着地できるのか市場はより懐疑的になってきている。特に問題な点は、中国は日本が経験した「3つの過剰」を、グローバル企業が育っていない中、かつ人口オーナスを迎え始める中で、整理していかなければならないナローパスの上に立っている。

中国は2017年に第19回共産党大会を迎える。習近平は1期目の5年間で反腐敗運動を強め、中央や地方政府の幹部、国有企業等の幹部を摘発し、政権基盤を固めてきた。今後は2017年に向け経済の安定に軸足を置く必要があろう。

ただし、そのアプローチについては財政、金融政策を拡張し景気刺激策を強める方針の派閥と、過剰債務問題の処理や供給サイドの強化を優先させるべきとの派閥の間で、鋭い意見対立があることが知られている。権力闘争は続いていると見られ、次期5年の政権の顔ぶれがどうなるかは世界経済の成長や広域経済連携、安全保障問題に大きな影響を与えよう。

また、中国のデレバレッジ圧力の高まりは、1990年代の日本の平成バブルの崩壊、2000年のITバブルの崩壊、2008年以降の欧米のクレジットバブルの崩壊に続く、巨大な民間部門のバランスシート調整につながるリスクをはらんでいる。すでに中国の企業債務のGDP比は日本の平成バブル期の水準に近づいているのである。

仮にそのコントロールに失敗すれば、中国経済の拡大や資源価格の上昇もありレバレッジ拡大の最終ランナーである新興国の信用サイクルを悪化させる可能性が高まる。新興国は購買力平価ベースでは世界の実質GDPの半分を占めるに至っており、その影響は言うまでもないだろう。

3．金融政策の限界

世界的にバランスシート調整が幾度となく繰り返される一因は、特に製造業分野を中心に、需要と供給の関係において供給過剰が拡大していることが指摘できよう。こうした状況では、金融政策による景気の押し上げに依存せざるを得なくなり、段階的な金利低下がどこかにバブルを発生させ、信用サイクルの反転時に大規模なバランスシート調整をもたらしてきた。

加えてこうした過剰な金融緩和は、金融資産を持つ者と持たざる者の所得格差の拡大を助長した面があろう。そこに産業や就労構造の変化も重なり、中間層の喪失という先進国共通の事象をもたらしている。これは所得階層による教育の不平等をもたらし、所得層の固定化を強めるという構造的な問題になっている。

こうした閉塞感が世界で共有されることで、旧中間層による政権への不信を一層強めさせている可能性がある。これがポピュリズムも高め、政権を内政重視にさせ、地政学的リスクや外交面での緊張を高めることにつながっていると捉えられる。

そもそも、金融政策は雇用や物価の安定を任務としており、バブル発生の未然防止や所得再分配に関する政策には限界がある。こうした中で、現在のようにマイナス金利を採用する国・地域が拡大し、「財政への隷属」状態が極限にきている状況では、インフレか出口政策への不信などから、どこかで国債（ソブリン）バブルに打撃が加わった時に対する備えも考えておく必要がある。

以上の状況は「構造的な低成長」をもたらしており、2016年4月のG20では、この解決のために、世界版「3本の矢」とも言える「構造改革」、「金融政策」、「財政政策」の総動員が必要との声明が出された。と同時に通貨安競争に対しても、その回避との認識も継続され、これらの枠組みの中で、各国が最適のポリシーミックスを採用することになる。

円ベースで低迷する主要資産のパフォーマンス

冒頭で主要資産のパフォーマンスにふれたが、海外資産については、ドル、ユーロなど外貨建てのものである。これらを円建てで見れば、景色は大きく変わる。すなわちほとんどの資産でマイナスのリターンとなっているのだ。2016年初以来の急速な円高により目減りした格好であり、投資家は改めて為替相場の影響の大きさを認識したことだろう。

米国のルー財務長官からは、急激な円高に対しても、「秩序だった動き」として、日本の介入への理解は得られなかったと見られる。今秋には米大統領選挙を控える中、TPPの問題や中国の人民元に対する評価とともに、ドル安円高の反転を促進するような協調姿勢がとられることになるとは考えにくい。

短期、中期、長期の為替モデルによると、ドル円相場の理論値平均は103円程度になっている。安倍政権が誕生したのは2012年末であるが、この年の夏頃には円がファンダメンタルズに対して高過ぎるとの見方が主要国で共有されており、黒田日銀総裁の量的・質的緩和により、円相場が下落することに、理解が得られていたと言える。

しかし、1ドル=125円まで円が安くなったことで、逆に円は過小評価の領域に入っていた。こうした点を踏まえれば、ドル円相場の110円程度の水準は円の割安感を修正したものであり、割高になっているとは言えないのだろう。

また、本邦の経常黒字の拡大、米国の財政赤字や貿易赤字の改善一服等もドル円相場の上値を抑制する可能性がある。

米国の利上げ観測、ドル高、資源安でも米国経済、グローバル経済が立ち行くならば、この円安水準でも許容されたのだろう。しかし、米国は企業業績の悪化が明確になり、資源国や新興国は資源価格下落、資金流出、通貨安に見舞われ、世界的にドル高を一因としたグローバル経済の抑制要因を無視できなくなった。

そうした状況の中で、中国人民元の切り下げ、欧州でのマイナス金利採用国・地域の拡大、日本のマイナス金利採用と金融政策による通貨安効果を狙う動きが相まったことが、通貨安競争防止の意見を強めることになったと理解される。中でも、ユーロドル相場は歴史的に均衡値から大幅に乖離することは少なく、日本円が投機筋に狙い撃ちされることになったとも言えよう。

以上の環境を踏まえれば、内外の投資家は、今後の資産運用において、米国の経済政策、通貨政策、国際協調の行方、地政学的リスクと付き合わなければならない期間が比較的長く続く可能性がある。また日本の投資家は、原資産の価格の方向性のみならず、為替に十分留意しながら、国際分散投資や為替ヘッジを考えていく必要がある局面に入っているのだろう。

家計の外貨建て資産の比率は低水準も、公募投信では米ドル建て比率が上昇

こうした中、日本の個人投資家はいったいどの程度の外貨建て資産を持っているのだろうか。まず残高の面では、当方で日銀の資金循環統計、財務省の本邦対外資産負債残高統計、投資信託協会の統計を用い家計金融資産の外貨建て資産を試算した結果、2015年末時点で約42兆円、外貨建て資産比率は2・4%となった。また、米ドル建て資産比率は1・5%と試算される。国際分散投資はまだまだ低水準と言える。

なお、GPIF（年金積立金管理運用独立行政法人）について見ると、基本ポートフォリオの資産構成割合を変更して以降、外貨建て資産の保有を大幅に増加させている。2015年末で外国債券を約19兆円、外国株式を約32兆円保有、合計で約51兆円保有、比率として

は合計約36%となっている。2回目の基本ポートフォリオ変更前の2014年3月末に比べ18兆円の増加となっている。

次に、個人投資家のみでなく国全体のフロー面を確認したい。国際収支統計の対外証券投資を見ると、米ドル建て資産投資の比率は2015年でグロスの取得で42%(約190兆円)、取得から処分を差し引いたネットの取得で57%(約21兆円)となっている。2014年と比べグロスの取得では約2ポイントの上昇、ネットでは約30ポイントの大幅増加となっている。2016年1～3月では、これらの比率はさらに上昇しており、米ドル建て資産への投資は増勢にある。2014年から2015年の推移を投資主体別で見れば、グロス、ネットともに信託銀行と投資信託委託会社が目立つ。

また、投資信託協会の統計を確認すると、2015年の契約型公募投資信託の純資産に占める通貨建て別資産比率を見ると、円が70%であり、2013年と比較し2ポイント上昇、ここでも国際分散投資が拡大した動きにはなっていない。円以外では、米ドル建ては18%であり、アベノミクス前の16%から2ポイント弱の上昇となっている。他方、ユーロや豪ドル、ブラジルレアル、カナダドルのウェイトが低下している。

米ドル資産を投資先別で見ると、株式とREITが含まれる投資証券のウェイトがアップしている一方、公社債はウェイトが低下している。株式と投資証券の合計は約11兆円である。

家計の国際分散投資は進展している状況ではなく、為替の変動は機関投資家への影響が大きいと見られるが、外貨建て資産としてドル建て資産の存在は拡大しており、個人投資家、機関投資家ともにドル円相場の行方が注目されることに変わりはない。

その意味でも、今後の米大統領選挙の行方が注目され、米大統領選挙が金融市場に与える影響について、以下、考えてみたい。

2

米大統領選挙が金融市場に与える影響

トランプリスクと対峙する株式市場

米大統領選挙はクリントン対トランプの対決となり、両者とも個性、話題も多く、非常に注目される。世論調査や投資家調査の結果等を参考にすると、クリントンが勝利するという見方が依然として強いようだ。その場合、現職（オバマ）が出馬しない大統領選において、同じ政党の候補者が政権を引き継ぐ形となり、政策面での混乱回避や迅速な政策実施により政策効果の早期の顕在化等が期待される。

よく知られている米国株の大統領選挙サイクルを見ると、大統領選挙翌年のパフォーマンスは比較的良好に推移している。ここでは、さらに的を絞って、現職大統領が2期目満了で大統領選に出馬せず、かつ、これまでの与党の候補が勝ったケースを確認したい。

これは1945年以降、一度だけであり、1988年にレーガン大統領の後に大統領に就任したブッシュ政権がある。この時は、政策の継続性が好感され大統領選挙の年、またその翌年の株価指数パフォーマンスは大統領選挙サイクルの当該年の平均パフォーマンスより良好となっている。

一方、同じく2期目満了で現職が出馬せず、政権交代となったケースは1945年以降、6回ある。今回で言えば共和党候補が勝つ場合で、政策の不透明感から大統領選挙の年、翌年とも株価指数のパフォーマンスはほぼ横ばいにとどまっている。

政治家であればこれまでの政策への取組みや主義・主張等から、政策の実現性を推し量ることは可能であるが、トランプは自身が掲げている政策にどこまでこだわりがあるのか不透明である。しかし、トランプ、サンダースが支持される理由は、第2章でも述べているように米社会構造の変化に根差している部分も大きいと考えられ、この流れは過小評価できないものだ。

両者の政策に関して、メリット、デメリットが予想される企業・業種を見たい。まずトランプについては、メリットが予想される先は安全保障関連、インフラ関連、金融機関、国内企業であり、デメリットは製薬企業、多国籍企業、アウトソーシング企業となる。

クリントンが大統領となった場合、メリットは病院・メディケイド健康維持機関、再生エネルギー関連、インフラ関連、プライベートエクイティ等であり、デメリットは製薬企業、マネージドケア、原油・天然ガスなどエネルギー業界、金融機関、投資会社、多国籍企業である。トランプ、クリントンどちらが勝っても、フォローとなりそうな業種はインフラ関連企業、アゲインストとなりそうな業種は製薬企業と多国籍企業だ。

米大統領選挙が日本に与える影響

一方、米大統領選が日本に与える悪影響としては、トランプが勝利した場合、①米国株の上値が抑制される可能性による影響、②為替が円高に向かう可能性、③TPPの不承認により、貿易・投資活性化が期待できなくなる、④在日米軍の費用分担増加とそれに伴う国内世論の右傾化、⑤中国との関係悪化の余波を受けるリスクなどが指摘できよう。

以上の影響を定量的に把握するのは難しいが、②については、仮に円がドルに対して10円円高になると東証1部企業の経常利益の伸び率を3％ポイント押し下げると試算される。③のTPPについては、政府はTPPが発効し、新たな成長経路に移行した時点において、実質GDPを+2・6％、2014年度のGDPを用いて換算すると約14兆円の拡大効果があると試算している。

これは貿易・投資の拡大によって、生産性が向上し、労働供給と資本ストックが増加するためである。TPPの不承認となれば、こうした効果が期待できなくなるわけだ。

地政学を理解するために世界史と宗教を学ぼう

これまで議論してきたように、世界の金融市場で投資するには、地政学の知識が不可欠になりつつある。ただし、第1章でまとめた程度の知識があれば、基本的な地政学の理解には十分であろう。

ただし、ハートランド理論やリムランド理論を理解したとしても、投資に生かすためには、それだけでは不十分だ。地政学を投資に生かすためには、歴史と宗教を理解することが不可欠だ。

たとえば、シリアに主要拠点を置くISは、世界の大国を相手に、未だに生き残っている。我々の常識では不思議でしょうがない。しかし、歴史と宗教を理解すれば、これは理解できる。

ISの支配地周辺は、元々、1つの国だった(例：オスマン帝国)。そして、言語、生活様式、文化、気候などは似通っている。ところが、1916年のサイクス・ピコ協定によって、異教徒の欧州列強が自分たちの都合でこの地に国境を引いたのだ。これに対する反発がイスラム教徒にはある。

加えて、ISはイスラム教の圧倒的な多数を占めるスンニ派だ。それに対して、直接、ISと対峙するアサド政権はアラウィー派、イラクのハイダル・アル=アバーディ首相はシーア派だ。つまり、ＩＳは多数派であり、それが少数派政権と戦っていることになる。だから、多くの市民は、欧米社会では残虐だと言われるＩＳを支持しており、ＩＳが生き残れるのだ。

これは、すでに長期化しているＩＳ掃討作戦が、さらに長引くことを意味する。そうであれば、シリア難民の数は増え、ＥＵに流れ込む。ＥＵ内で移民が増えれば、移民対元々の住民との対立がさらに深まることだろう。欧州で頻繁に起こるテロは、世界の金融市場を揺るがす。

つまり、ＩＳ掃討作戦の長期化は、欧州の株式市場やユーロの安定性にとって大きなリスク要因であることがわかる。たとえば、欧州危機に、大型テロが重なると、第２のリーマン・ショックが発生するリスクがある。

それでは、歴史や宗教を学ぶためにはどうすればいいのか。歴史や宗教は、簡単には習得できないものの、最もオーソドックスな方法は、本を読むことだ。世界史であれば、以下がお薦めだ。

「世界の歴史」編集委員会編『もういちど読む山川世界史』（山川出版社、２００９年）

これをもっとビジュアルにしたのが、以下になる。

詳説世界史図録編集委員会著『山川 詳説世界史図録』（山川出版社、２０１４年）

宗教であれば、以下がとてもわかりやすい。

池上彰著『[図解]池上彰の 世界の宗教が面白いほどわかる本』（KADOKAWA／中経出版、2013年）

池上彰著『池上彰の宗教がわかれば世界が見える』（文藝春秋、2011年）

テレビ番組を見るのも有効だ。NHKのEテレ（昔のNHK教育テレビ）のNHK高校講座「世界史」は、1回がわずか20分間だが、よくまとまっている。これを一度録画して、倍速で早送りして視聴すると、わずか約10分間で1回のテーマが理解できる。

歴史、宗教、文化はリベラルアーツと言われるが、世界の金融市場の分析においては不可欠のものと言えよう。

小括：常に地政学の情報を得よう

地政学的リスクの高まりの背景、米大統領選挙の影響、マイナス金利下の投資環境を考えると、マーケットは世界経済、政治情勢、地政学的リスクなどを見極める場面が当面続く可能性が高い。こうした中で、マイナス金利が拡大しているわけで、個人、機関投資家ともに運用の巧拙が一段と問われる時代に入っていると言える。

自ら情報収集をして、こうした幅広い要因を分析するには、知識を積むことや時間をかけることが必要だが、誰もが、そうしたことをできるわけではない。また、集めた情報を基に、一定期間の相場の方向性を当てることの意味合いも、よく考える必要があるだろう。

と言うのも、機関投資家や金融機関は年度毎の決算があり、期間で収益を上げることが求められる面がある。しかし個人投資家にそういった制約は少なく、時間を見方につけることができる点が重要だ。

確かに地政学的リスクを含め不透明要因は多いが、世界経済は過去、幾多の危機を乗り越え成長してきた。地政学の知識を高めることは、相場の大局観（マクロ観）を身に付けることにつながり、グローバル投資の判断に役立つ。もう一つ重要なことは、ミクロの視点を持つことだ。世界経済の緩やかな成長を長期で享受しようとすれば、たとえば競争優位性や参入障壁、経営に関する定量、定性分析を通じて、強靭なフリーキャッシュフローを稼ぐ優良企業を見い出し、そうした銘柄群に長期に分散投資し、トータルリターンを狙う手法が有効だろう。大局観とミクロの視点を兼ね備えれば、短期の市場動向や短期の景気循環に一喜一憂することのない投資スタイルを確立することができるだろう。

あとがき

2016年5月16日、サイクス・ピコ協定が結ばれてから100年を迎えた。英国とフランスが中東の分割を秘密裏に決めた、世界史でも必ず出てくる歴史的な出来事だ。

現在の中東の問題、シリアの混迷、イランの情勢、イラクの情勢、ISの台頭、トルコ情勢などは、欧米の現在でも続く介入とあいまって、引き続き地政学的リスクの中心にある。米国の内向き姿勢が強まる中で、ロシア、中国の台頭は欧米間、また欧米とサウジアラビア等中東諸国の間に、政治的な動機から新たな亀裂をもたらす可能性もあるだろう。

また、世界的にポピュリズムが増しているのは、「アラブの春」が世界中に訪れていると も言える。いずれも既存の権力の固定化に対する不満やその既存権力が何等かの形で脆弱になることによって生まれており、先進国や中国でも例外ではないかもしれない。また新たなテロが発生し、思いもよらぬ形で国際紛争が始まるリスクも否定できないであろう。

今後、長期にわたって、グローバルな資産運用に対して経済以上に国際政治や地政学的リスクが影響してくる可能性がある。こうした変動に備えるためには、地政学とは何なのか、また実際、どのような地政学的リスクがあるのか、基本的なことを学んでおく必要がある。

地政学は歴史と深く紐づいている。2015年に出版した『世界市場を動かす5の歴史的視点』（藤田勉・倉持靖彦著、東洋経済新報社、2015年）と併せて、本書を読んでいただければ、より理解が深まるだろう。

今後の長期の資産運用を乗り切るために、本書が投資家の皆様にとって役立つことを願ってやまない。

【著者紹介】

藤田　勉（ふじた　つとむ）

株式会社日本戦略総合研究所代表取締役社長。山一證券、メリルリンチを経て、2000年シティグループ証券入社、日本株ストラテジスト。2006～2010年日経アナリストランキング日本株ストラテジスト部門5年連続1位。2010年、取締役副会長。現在、顧問。

慶應義塾大学「グローバル金融制度論」講師。慶應義塾大学グローバルセキュリティ研究所客員研究員。SBI大学院大学経営管理研究科教授。経済産業省企業価値研究会委員、内閣官房経済部市場動向研究会委員、北京大学日本研究センター特約研究員、早稲田大学商学部講師などを歴任。一橋大学大学院博士課程修了、経営法博士。著書に『コーポレートガバナンス改革時代のROE戦略』（中央経済社、2016年）他多数。

倉持靖彦（くらもち　のぶひこ）

みずほ証券株式会社投資情報部部長、ストラテジスト兼エコノミスト。早稲田大学卒業後、1988年、和光証券（現みずほ証券）に入社。（財）郵貯資金研究協会投資分析部、新光総合研究所投資調査部出向を経て、エクイティ情報部に復帰。定量分析や日本経済エコノミスト、日本株ストラテジスト業務に従事、2009年、投資情報部長。2003年以降、6年連続で『週刊エコノミスト』や『日経ヴェリタス』（旧『日経金融新聞』）のアナリストランキングにランクイン（エコノミスト部門、ストラテジスト部門）。2004～2005年「ESPフォーキャスト調査」のフォーキャスター。

グローバル投資のための地政学入門

2016年9月1日発行

著　者——藤田　勉／倉持靖彦
発行者——山縣裕一郎
発行所——東洋経済新報社
〒103-8345　東京都中央区日本橋本石町 1-2-1
電話＝東洋経済コールセンター 03(5605)7021
http://toyokeizai.net/

ＤＴＰ…………アイランドコレクション
装　丁…………吉住郷司
印刷・製本……リーブルテック
編集担当………矢作知子

　ISBN 978-4-492-73338-7